樂行日誌

악행일지

김작가

proud

차례

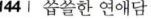

 작가의 말

누구나 즐겁게 읽을 수 있는 음악책을 꿈꾸며

음악을 듣는다는 건 무엇인가. 누군가에게는 적막을 지우기 위한 BGM일 수도 있을테고, 시간때우기일 수도 있을 것이다. 어떤 사람에게는 진지한 분석의 과정일 수도 있을테고, 다른 음악을 만들기 위한 공부일 수도 있을 것이다. 나에게 음악이란, 다만 즐거운 것이었다. 어느날 홀연히 음악을 만난 이래, 음악은 늘 내 곁에 있었다. 아침에 눈을 뜨자마자 음악을 틀었다. 음악을 들으며 눈을 붙이는 게 일상이었다. 하루의 시작과 끝에, 그렇게 음악이 있었다. 음악을 들으며 인생의 꽤 오랜 시간을 살아왔으니 생활의 곳곳에 음악이 배어 있는 게 당연했다. 지금까지의 인생을 짧은 책에 비유한다면 음악은 그책의 이페이지 저페이지에 꽂혀 있는 책갈피이자 붙어있는 포스트잇이며 홀연히 끼어든 낙엽인 셈이다. 문득, 그 페이지들을 기록으로 남겨보고 싶었다.

음악을 들으면서 가장 재미있을 때는 언제인가. 누군가는 방구석에서 홀로 음악을 삼킬 때라 답할 것이다. 또한 누군가는 음악으로 여인의 마음을 사로잡을 때라 할 수도 있을 것이다. 그리고 누군가는 음악잡지나 인터넷을 뒤져가며 새로운 음악 지식을 전두엽에 차곡차곡 쌓아나갈 때라 말할 것이다. 모두, 즐거운 순간이다. 음악듣기의 보람이 머무는 순간이다. 그러나 나에게 묻는다면, 술자리에서 음악과 관련된 구라를 풀 때라 말하겠다. 그 구라에는 여러 종류가 있다. 최근의 음악적 경향에 대해 진지하게 논하는 게 그 하나요, 서로의 개똥철학을 나누며 피튀기는 설전을 벌이는 게 다른 하나다. 그러나 그런 구라는 유익하되 재미있지는 않다. 희열이 없는 것이다. 모름지기 음악적 구라에 있어서 가장 재미있던 게 뭔가 곰곰이 생각해보니, 역시 음악과 관련된 '그들'의 에피소드로 안주를 삼거나 '나'의 에피소드를 고해하며 웃음이나 감동을 주는 것이다.

그동안 적지 않은 음악 서적을 읽어왔다. 그런데 언젠가부터 아쉬운 게 있었다. '이건, 음악 덕후 아니면 아무도 안 읽을 책들이잖아!' 꼭 음악에 평균이상의 애정을 가진 사람이 아니더라도 음악의 세계에 풍덩 빠져보겠다는 결의가 없으면 한장 한장이 거의 교양서적의 수준이었던 것이다. 처음부터 그런 책들을 잘도 읽어왔구나, 생각하니 스스로에게 상을 주고 싶은 마음이 든다. 그러나 그만큼 음악에 미친듯한 호기심을 가졌으니 가능했던 일임에는 분명하다. 그러나 불행인지 다행인지, 세상에는 그런 사람이 많지 않다. 이건 아쉬움이 아니라 물이 100℃에서 끓는다는 명제와 같은 종류의 감정이다. 원래, 그러한 것이다. 그렇다면 그런 사람은 음악과 조금이라도 관련된 책을 읽을 수 없을까. 설마, 그럴리가. 누구나 '사람'을 통해 '주제'로 들어가면 관심을 갖기 마련이다. 어떤 철학자나 문장가가 입증했는지는 모르겠으나 적어도 다년간의 구라 경험을 통해 알게 된 사실이다.

하여, 음악 책을 쓰되 누구나 즐겁게 읽을 수 있는 방식으로 접근하기로 마음먹었다. 굳이 언급되는 음악을 알지 못할지라도 그에 관한 일화와 무용담, 그것도 들으면서 생겼던 사건과 사고를 나열한다면 조금은 재미있지 않을까. 함께 음악을 듣는 기분이 들지 않을까. 80년대부터 지금까지 한국의 음악 애호가들이 들어왔던 음악의 수용사를 자연스럽게 알게 되지 않을까. 〈악행일지〉는 그런 호기심과 기대로 쓴 책이다. 최대한 재미있게 쓰고자 했다. 바야흐로 하이브리드의 시대, 굳이 형식에 얽매이지 않으려 했다. 그저 한편 두편 쓰다보니 다른 사람들의 이야기도 떠올랐고, 또 한편 두편 쓰다보니 그 시절에 그 음악을 들었으면 있었을 법했던 일들도 상상됐다. 그 에피소드들이 묶여 하나의 책이 됐다. 나와 비슷한 시기에 음악을 듣기 시작했거나, 혹은 그 이후에 음악의 마법에 휩싸였거나 했던 독자라면 함께 즐길 수 있

기 바란다. 혹은 그저 읽는 걸 즐기는 독자라도 무리없이 책장이
넘어갔으면 하는 바람또한 있다. 결국, 대상이 무엇이든 팬이 된
다는 행위의 다사다난함을 이야기하고 싶었으니까. 좋아하는 걸
접했을 때 느끼는 어떤 상념들을 나누고 싶었으니까. 오랜 시간
좋아하는 대상이 있는 삶은, 그래도 꽤 행복한 편 아닌가.

추천글

"김작가는 두가지 면에서 독보적인 입지를 구축한 대한민국의 대중음악 평론가이다. 첫째는 그의 글에서 드러나는 현장성이다. 나는 15년간 라이브를 하면서 그처럼 공연장을 일일이 찾아다니며 공연을 보고 뮤지션들과 몸으로 부딪히며 교류하는 사람을 본적이 없다. 뮤지션의 작품이라는 것이 앨범이 반이요 라이브가 반, 혹은 그 이상이라고 보았을 때, 현장을 누비는 그의 활동이 얼마나 가치있는 일인가는 새삼 설명할 필요가 없겠다. 두 번째는 바로 그 현장과 삶이라는 두가지 원천 속에서 그의 글이 나온다는 점이다.

때문에 뛰어난 음악가의 음악에 삶이 담기듯 그의 글은 언제나 생생한 이야기를 품고 있다. 그래서 그의 글을 읽고 있노라면 마치 그리스인들이 원형극장을 지어놓고 저녁마다 즐겼던 새롭고 신선한 연극을 접하는 것 같은 재미와 흥분을 느끼게 되는 것이다. 이 책에는 이렇듯 평론가이자 대표적인 이야기꾼인 김작가의 일상속 이야기들이 그만의 언어로 펄떡펄떡 살아 숨쉬어 도무지 쉬어갈 틈을 주지 않는다."

이석원 (언니네 이발관)

김작가는 내가 알고 지내는 사람 가운데 세손가락 안에 들 정도로 즐겁고 음탕한 사내다. 이 즐겁고 음탕한 사내에게는 글쓰는 재주라는 게 있는데 평론을 팔아 짐승 같되 화기애애한 생을 연명하고 있으니 어쨌든 굶어죽으란 법은 없다는 하늘 아래 가르침이 새삼스럽다. 그에게 허락된 한줌의 재능이 음악평론 이외에 다른 분야에도 썩 잘 어울려 빛난다는 걸 깨달은 건 최근의 일이다. 언뜻 무협의 호흡을 닮아있는 그의 언어는 자기 이야기를 풀어놓을 때 비로소 본연의 박력을 찾고 날아오른다. 음악을 매개로 지나온 자기 역사를 이야기하는 김작가의 글은 동시대를 살면서 같은 문화를 공유해온 우리들에게 반가움과 쓸쓸함을 동시에 환기시킨다. 항상 즐겁지는 않았다. 그렇다고 늘 황폐하지도 않았다. 행복은 주어지지 않는다. 그것은 부러 챙겨 거머쥐어야 찾아오는 것이다. 삶의 파편들이 모여 완성된 이 책은 그가 얼마나 예민하게 주변을 관찰하고 기록해왔는지, 또한 어찌나 골때리게 살아온 인간인지 유감없이 보여준다. 제멋대로 살고 싶은 독자들에게 추천한다.

허지웅 〈대한민국 표류기〉 저자, 기자

음악의 장르처럼 쓸데없는 게 없다. 모던록이니 데스메탈이니 어덜트 컨템포러리니, 그 어려운 용어들만 들어도 음악맛이 뚝 떨어진다. 그냥 뭐, 좋은 게, 하하하, 좋은 거, 아니겠습니까? 그렇죠? 김작가의 글도 그렇다. 이 글들은 에세이일까요, 음악칼럼일까요, 눈물로 얼룩진 젊은 시절의 체험수기일까요, 폭소만발 생활 코미디일까요, 아니죠, 이건 뭐, 아예 자전적 요소가 가미된 소설 같은 게 아닐까요, 이런 식으로 따지고 분류하고 생각하면 재미없다. 그저 김작가가 붓가는 대로 쓴 글을 눈가는 대로 따라 읽으면 그만이다. 다 읽고 나면 어쩐지 가슴이 짠해지고, 지난날들이 휘리릭 초고속 영상으로 눈앞을 스쳐지나가더니, 결국 음악이 듣고 싶어진다. 어떤 장르의 음악이 아니라, 그저 음악이 듣고 싶어진다. 글을 다 읽고 나면 음악이 듣고 싶어진다는 건, 이 책의 가장 소중한 매력일 것이다.

김중혁 (소설가)

늘어진 녹음 테이프 1

나는 어찌하여 라디오키드가 되었나

더이상 책과 음반을 쌓아둘 공간이 없어 방을 대폭 구조조정했다. 평생 한번도 들을 것 같지 않은 음반과 읽지 않을 것 같은 책들을 모두, 는 아니고 일부 처분한 것이다. 최대한의 공간을 확보하기 위해 구석구석 쌓여있는 온갖 짐들을 다 들었다 났다. 책상 서랍을 뒤지던 중 한무더기의 녹음 테이프를 발견했다. 테이프 데크가 망가진지 10년, 그동안 한번도 듣지 않았던 그 테이프들에는 일련의 제목이 적혀 있었다. 'Metal N' Pop'. 기스와 먼지 투성이인 케이스, 빛바랜 잉크로 쓰여진 글씨들. 그런 테이프가 한 100개쯤 서랍장 속에 빼곡이 들어 있었다. 속칭 '길보드'라 불리던 리어카에서 산 불법복제 테이프가 아니다. 이것은 말하자면 내가 라디오와 함께 보내던 10대의 기록이다. 방송을 들으면서 한시도 긴장을 놓칠 수 없었던 노력의 산물이다.

중학교 입학과 함께 어머니는 카세트를 선물로 안겨주셨다. 80년대의 소년소녀들이 선망하던 소니 워크맨은 아니었지만, 그에 필적할 만한 삼성 마이마이 카세트였다. 요즘으로 따지자면 아이팟 대신 아이리버를 선물받은 셈이다. 아직 본격적으로 음악의 바다에 빠지기 전이었던지라, 변변한 테이프 하나 없었다. 조지 마이클의 〈Faith〉와 'Nothing Gonna Change My Love For You'가 담겨있는 글렌 메데이로스의 앨범이 내 라이브러리의 전부였다. 따라서 들을 건 방송 뿐이었다. 이미 라디오키드의 나날을 보내고 있던 친구들은 이문세가 진행하던 〈별이 빛나는 밤에〉를 추천해줬다. 나이차 많이 나는 누나가 있는 친구들은 이종환의 〈밤의 디스크쇼〉를 추천해줬다. 먼저 들은 건 이종환이었다. 어찌된 일인지 집에서 AM이 잘 잡히지 않았기 때문이었다. 그때는 아직 표준 FM이 생기면서 AM을 FM에서 들을 수 있게 된 표준 FM이 생기기 전이었다. 그렇게 본의 아니게 라디오에 입문하게 해준 이종환의 디스크쇼는 음악이 너무 낡아 있었다. 한창 피가 끓기 시작하는 열세살의 소년이 듣기에는 너무 점잖았던 것이다. 매주 일요일 공개방송에서 단골 게스트였던 이택림의 유머를 들으며 킬킬대는 게 프로그램의 유일한 낙이었다. 그리고 밤 12시, 〈0시의 데이트〉에서 송옥숙이 읽어주던 파스칼의 〈팡세〉를 들으며 잠에 빠지는 생활을 하곤 했다. 그때나 지금이나 소녀

취향과는 거리가 멀어서 팝세를 들으며 키울 만한 감수성 따위는 없었다. 그저 라디오가 좋았을 뿐이었다. 엽서 바스락거리는 소리와 DJ의 침 쩝쩝거리는 소리, 그런 게 왜 그리 감미로웠는지 모른다. 그러던 어느날이었다. 잠이 오지 않았다. 새벽비라도 내리는지 0시의 데이트에서는 비와 관련된 노래만 줄창 흘렀다. 송옥숙은 팝세가 질렸는지 몽테뉴의 〈수상록〉을 읽어줬다. 1시가 됐다. 무엇을 들어야 하나. 89.1로 채널을 돌렸다. 싸늘하면서도 아름다운 시그널이 흘렀다. 그리고 DJ는 다짜고짜 시 한편을 읽었다. 낭송을 마친 후 그는 자신을 소개했다. "안녕하세요. 〈음악세계〉의 전영혁입니다." 그는 음악을 틀었다. 일대 충격이었다. 바이올린이 날렵하게 활을 긋고 나면 강렬한 기타 연주가 이어졌다. 그리고 그야말로 심금을 울리는 멜로디가 흘러나왔다. 노래가 다 끝난 후 다시 한번 제목을 확인했다. 뉴 트롤즈의 'Allegro/Adagio'였다. 먼 훗날 CF에 삽입되며 범국민적 인기를 끌었던 그 노래를 나는 몇 년이나 일찍 들었던 것이다. 그리고 그 순간은 태어나서 처음, 음악을 들으면서 눈물을 흘린 경험이기도 했다. 이산가족 찾기를 볼 때도 멀쩡하던 내가 고작 음악 따위에 눈시울을 붉히다니, 그것은 음악의 바다로 건너오라는 초대장이었다. 그때부터였다. 나는 늘 새로운 음악을 찾아 헤맸다. 집에 있을 때면 하루종일 라디오를 끼고 살았다. 팝만 들어주던 어떤 프로는

지 상관없었다. 그리고 그때는 가요보다는 팝의 비중이 훨씬 높던 시절이었다. 좋은 음악이 나오면 귀를 쫑긋 세웠다. 그리고는 뛰어가서 녹음 버튼을 눌렀다. 그렇게 한곡 한곡을 모아 60분짜리 테이프가 꽉 차면 'Metal N' Pop'이라는 이름을 라벨에 썼다. 장르 따위 가릴 틈도 없었다. 알지도 못했다. 브라이언 아담스의 'Heaven'부터 밥 말리의 'No Woman No Cry', 건스 앤 로지스의 'Patience'와 U2의 'With Or Without You'가 한 테이프에서 나란히, 사이좋게 살게 됐다. 그러다가 정품 테이프와 LP로 넘어가고 CD를 사기 시작하면서 그 테이프는 더이상 안듣게 됐다. 그런 시리즈를 만들어놨는지도 잊고 있었다.

창고를 뒤져 테이프 데크를 꺼냈다. 'Metal N' Pop' 시리즈 4탄을 집어 넣었다. 딥 퍼플의 'April'로 시작해서 자이언트의 'I'm A Believer'로 끝나는 테이프다. 자이언트를 포함해서 '이런 팀도 있었군!' 하는 감탄이 절로 나오는 추억의 이름들도 있다. 그리고 그 모든 곡들에는 공통점이 있다. 언제 음악을 틀기 시작하고 언제 음악이 끝나는지 능히 짐작할 수 있었던 전영혁의 음악세계는 제외하고, 다른 프로에서 녹음한 곡들은 모두 시작과 끝이 불분명하다. 김광환과 김기덕의 목소리가 섞여 들어가고 해태 브라보콘과 뱅뱅 CM송이 노래가 끝나기도 전에 흐른다. 시작하고 좀 지나서야 녹음된 곡들은 내가 라디오에서 나오는 걸 확인하고 달려가서 레코드 버튼을 눌렀기 때문일 것이다. 그런 수고를 거쳐 10곡에서 12곡 정도의 노래를 녹음하기까지 적어도 일주일은 걸렸던 것 같다. 이 테이프에 담긴 노래들을 다운받아 친구에게 보내줬다. 검색과 다운로드, 전송에 이르기까지 3시간이 걸리지 않았다. 'Metal N' Pop' 시리즈는 설령 테이프가 씹히기라도 하면 하루종일 속이 타들어갔지만 mp3는 수십기가가 통째로 없어져도 아무렇지도 않다. 녹음 버튼을 누르려 달려간 적이 없기 때문인가. 어둠의 경로에 다운로드를 걸어놓고 퍼질러 자면 다음날 아침 100% 완료된 파일이 기다리고 있었기 때문인가. mp3로 저장되어 있는 음악 파일이 어떤 길을 걸어 나에게 왔는지, 나는 아무것도 기억하지 못한다. 그보다 오래 전 일임에도 테이프라는 물증과 그에 딸린 기억으로 또렷이 남아있는 음악들이 있는데.

틴에이저의 인생을 바꾸고 새로운 길로 인도했던 라디오에 이제 더이상 음악은 없다. 연예인들의 수다와 청취자들의 노래자랑이 그자리를 대체했다. 음악 대신 오빠들의 수다를 인코딩하는 세대들도 먼훗날, 하드를 뒤적거리다가 '동방신기 5월 펀펀 라디오' 같은 파일을 발견할 것이다. 그들이 그때 느끼는 감회란 대체 어떤 종류의 것일지, 나는 벌써부터 궁금해진다. 모양과 성질은 달라도, 부디 같은 감회였으면 한다. 문득 멈춰서서, 뒤돌아볼 추억이 아무것도 없다면 얼마나 쓸쓸한 인생이란 말인가.

소년은 울 수도 있다

어찌된 영문인지 여태까지 영화나 방송, 소설이나 만화를 보면서
눈물을 흘려본 적이 단 한번도 없다. 그렇다 하여 옛 현인들이 설
파한, 남자는 평생 세번만 울어야 한다는 경구를 몸소 실천해왔
기 때문은 아니다. 실천은커녕 갓난아기 시절부터 사춘기에 접
어들 때까지 머리는 나빠도 눈물만은 남부럽지 않게 많아 파출부
아줌마마다 몇달을 못넘기고 우리집을 떠나야 했고 급기야 어머
니께서는 당시에도 이미 철밥그릇이라 일컬어지던 고등학교 교
단을 떠나야 했다고 훗날 술회하신다.

그정도로 눈물이 많았지만 신기하게도 뭔가를 보거나 읽으면서
는 절대로 울지 않는데 심지어는 82년 당시 막 4천만명에 진
입한 대한민국 국민 전부를 울음바다에 빠트렸다는, '누가 이 싸
~~람을 모르시이이이나요~~' 하는 로고송으로 시작하던 이산가

족 상봉 프로그램을 보면서조차 단 한방울의 눈물도 흘리지 않은 채, 옆자리에서 연신 옷소매로 붉어진 눈시울을 훔쳐내시던 어머니와 외할머니를 비웃기까지 했던, 감정이 메마른 어린이였다. 그 냉혈한의 눈물을 끝내 훔쳐가고야 만 사건은 조숙한 사춘기에 있을 법한 짝사랑의 실패는 아니었고 끝내 전교조를 포기하지 않고 1989년 여름방학을 끝으로 교문을 나서던 담임선생님의 뒷모습도 아니었다.

막 음악의 심오한 세계에 눈을 떴던 차라 팝음악을 틀어주는 라디오 프로그램은 몽땅 듣곤 했더랬다. 일천이백만 라디오 애청자가 연말마다 으레 기다리곤 했던 '예쁜 엽서 전시회'를 노리고 밤잠을 설쳐가며 신청곡과 애틋한 사연을 섬섬옥수로 꾸며 남몰래 우체통을 기웃거리던 애청자는 아니었다. 하지만 정성만은 그에 못지않은 열혈 애청자이긴 했다. 언제나 워크맨에 공테이프를 넣고 녹음버튼에 손을 얹어놓고 있었으니 말이다. DJ가 '다음 곡은…' 하고 운을 떼면 귀를 쫑긋 세우고 좋아하는 가수나 노래 제목이 이어지면 잽싸게 젖먹던 힘을 다해 버튼을 누르고는 뿌듯해 하는 중3 까까머리 소년. 바야흐로 음악의 맛을 알고 인생을 망치기 시작하던 무렵의 스냅샷이다.

제목은 기억나지 않지만 아무튼 김기덕과 더불어 한시대를 풍미하던 DJ, 김광환이 진행하던 프로그램을 듣던 일요일이었다. 중

간고사를 앞두고 있었기에 독서실 칸막이에 틀어박혀 녹음 버튼 위에 손을 얹어두고 있었다. 처음 들어보는 복잡한 이름의 가수였기에 힘을 빼던 찰나, 일렉트릭 기타가 울어댔다. 보컬이 들어가지 않은 기타 연주곡, 애절하다고도 할 수 없고 박진감 넘친다고는 더더군다나 할 수 없는 멜로디가 약 5분에 걸쳐 쏟아지는데 실로 놀라운 감동의 파도가 밀려왔지만 이미 녹음 버튼을 누르기에는 타이밍을 놓쳤다. '녹음의 달인'을 자처하던 나로서는 중간부터 녹음한다는 것은 자존심이 허락하지 않았다.

중간쯤이었을까? 나도 모르게 눈가가 시큰해지면서 눈물이 조금 고였다. 음악을 듣고 눈물지을 수 있는 풍부한 감수성의 존재를 확인하는 기쁨과 살아생전 이런 노래를 들을 수 있다는 감격이 눈물의 양을 조금 증가시켰다. 음악이 끝나고 DJ는 다시 가수를 소개했으니 그의 이름이 바로 임펠리테리였고 그가 연주한 노래는 다름아닌 팝의 명곡 'Somewhere Over The Rainbow'였다. 그 길로 바로 '빽판'을 사러 청계천으로 달려갔으나 시간은 이미 밤 9시, 빽판 장사는커녕 포르노잡지 상인도 모두 철수한 시간이었다.

임펠리테리가 속주기타계의 신성임을 알았던 것은 몇달 후의 일이었고 끝내 음반을, 그것도 조악한 음질의 빽판이 아닌 정식 라이선스 음반으로 구입했던 때는 1년 정도 지나서였다. 그때 LP에

턴테이블 바늘을 올려놓던 몇초는 지금껏 나의 음악인생에서 가장 가슴벅찬 순간으로 남아있다. 그뒤로 눈물샘을 자극하는 음반을 몇장인가 만났다. 하지만 모두 먼 기억속의 일이다. 결국, 소년이었기에 그렇게 울기도 했던 것이다. 지금 그런 음악을 만날 수 없는 까닭은 그만한 선율과 영혼을 담은 음악이 없기 때문만은 아닐 것이다. 소년은 나이를 먹은 게 아니라 그렇게 사라져갔다.

아버지와 메탈리카

몇년의 자취 생활을 접고, 몇년만에 가족과 함께 살게 됐다. 잃은 것은 방탕한 생활이요 얻은 것은 각종 생활 편의다. 더이상 맘 편히 늦잠을 잘 수 없으며 밤새 술을 퍼마실 수 없게 됐지만 빨래나 설거지를 안해놨다 하여 마음 졸일 일도 없어진 것이다. 무엇보다 홈시어터가 마루에 놓여 좀 더 좋은 환경에서 음악 DVD를 볼 수 있게 됐다. 그동안 노트북으로 모든 멀티미디어를 다 섭렵했던 어제에 비하면 이라크 게릴라가 스텔스기와 스마트폭탄을 얻은 격이다. 세팅을 마치고 혼자만의 시연을 위해 DVD를 골랐다. 메탈리카의 〈Live Shit - Binge & Purge〉였다. 그들의 전성기였던 91년, 92년 라이브를 담고 있는 이 타이틀을 오랜만에, 제대로 된 환경에서는 처음으로 감상하니 감회가 새로웠다. 거대한 화면에서는 제임스 헷필드가 가렁가렁한 목소리로 '마스터! 마스터!'를 외치고 있었고 사방에서 라스 울리히의 전광석화 같은 투 베이스 연타가 쏟아졌다. 대각선으로 해도 두뼘이 채 안되는 화면에 손가락 두마디가 채 안되는 스피커로 감상하던 과거에 비하면 뭐랄까, 직립보행을 시작한 인류가 된 기분이었다.

돌이켜보면 메탈리카는 나의 귀를 직립보행하도록 이끌어준 최초의 밴드였다. 음악에 빠지기 시작했던 게 중3때였던가. 친구의 권유로 샀던 헬로윈의 〈Keeper Of The Seven Keys Pt. 1〉이 나의 첫사랑이었다. 그러나 첫사랑은 불꽃처럼 타오르긴 해도 생명력이 오래 가지 않는 법. 게다가 일단 여자 맛을 보게 되면 쾌락을 쫓아 장대한 여인탐험의 여정에 오르는 게 남자다. 그렇다고 여자와 음악 사이에 무슨 관계가 있냐고 물으면 할 말은 없지만. 아무튼 헬로윈에 이어 본 조비나 데프 레퍼드 같은 라이트 메탈을 듣게 됐는데 이게 또 상큼발랄한 것이 내 귀에는 '딱'이었던 것이다. 그래도 워낙에 록음반이 별로 나오지 않던 시절이니 라이선스가 되는 앨범마다 장르를 가리지 않고 족족 구입하곤 했다. 메탈리카의 〈…And Justice For All〉도 그 중 하나였다. 테이프를 틀었다. 쌔끈한 멜로디 대신 다크한 포효가 울려퍼졌다. 퍼부어대는 드러밍은 귀만 아팠고 육중하디 육중한 기타 소리는 LA 메탈에 길들여진 내 귀에는 영 부담스러웠다. 차라리 신데렐라나 워런트를 살 걸 그랬다는 후회가 밀려왔다. 일단 샀으니 어쩌겠는

가. 책꽂이에 고이 모셔만 뒀다.

그러던 어느날, 중간고사를 망쳐 평화가 극에 달했던 수요일이었다. 딱히 듣고 싶은 음악이 없었던지라 고이 모셔뒀던 테이프를 꺼내서 데크에 꽂고 샤워를 했다. 그런데 이게 왠일인가. 처음 들을 때는 절대 느끼지 못했던 충격이 벌거벗은 몸뚱이 위에서 물방울처럼 튀는 것이 아닌가. 그때의 느낌은 지금도 생생히 기억할 수 있다. 록 발라드 따위와는 비교할 수 없는 비장함과 LA메탈에서는 절대 찾을 수 없는 원초적 분노가 서울 변두리 단독주택의 화장실을 울려대고 있었다. 그때부터 당분간 나는 그 앨범을 귀에 꽂고 살았다. 학교갈 때도, 공부할 때도, 밥먹을 때도, 화장실에서 용무를 처리할 때도 언제나. 급기야는 턴테이블도 안갖고 있으면서 LP까지 샀다. 테이프에는 안들어있는 해설지를 읽기 위해서. 친구녀석이 'One'의 비디오 클립을 남대문 회현상가에서 샀다는 말을 듣고 쉬는 시간마다 매점에서 갖은 회유공작을 벌인 끝에 간신히 VHS 테이프를 빌려 집에서 보고 또 보며 그들의 장쾌한 액션을 흉내내기도 했다. 춤에 빠진 고딩들이 유명 댄서의 안무를 체화하듯 말이다. 비록 놀라운 몸치였지만 기마자세로 엉거주춤 서서 헤드뱅잉을 하면서 기타줄을 긁어대는 그들의 액션을 꽤나 그럴싸하게 재현할 수 있을만큼 노력하고 또 노력했다.

역시 어느 평화로운 저녁, 'One'을 들으며 '메탈리카 댄스'를 추고 있었다. 기마자세와 찌푸린 인상, 살짝 감은 눈, 헤드뱅잉은 필수였고 달달 외운 가사를 통한 립싱크는 옵션이었다. "다크니씸 프로징미 올대라씨 앱쏠루트호러 아캔낫립 아캔낫다이…" 이런 입모양을 내면서 전쟁의 폐해에 대해 분노한 건 아니고, 연합고사를 앞둔 수험생의 스트레스를 날린 것도 아니고, 그냥 음악의 짜릿함을 즐기고 있었다. 노래의 마지막 즈음, 문득 뒤를 돌아보니 아버지가 서 계셨다. 황당한 웃음을 지으시며. 이어폰을 꽂은 채, 기마자세로 머리를 흔들고 양손을 벌린 아들의 뒷모습을 보면 세상의 어떤 아버지도 그런 표정을 지을 수밖에 없었으리라. 게다가 우리 아버지는 엄부 중의 엄부. 철들고 나서 아버지의 웃음을 들어본 적이 없었으니 그런 표정을 본 나도 당혹스러웠고 그런 표정을 보인 아버지도 당혹스럽기는 마찬가지였을 것이다. 기마자세로 서 있는 아들과 황당한 웃음을 짓고 있는 아버지는 그대로 침묵을 지키며 계속 기마자세와 황당한 웃음을 유지하고 있었다. 식은땀이라도 한방울 떨어지지 않으면 결코 끝나지 않을 것 같은 난감하기 짝이 없는 침묵속에 평화로운 저녁이 또 하루 흘러가고 있었다. 5.1채널로 메탈리카의 라이브를 감상하기 직전, 살짝 주변을 살폈던 이유는 바로 그때의 트라우마 때문이라고 나는 생각하고 있다

인내와 추억

나에게 80년대란 한국의 현대사와 궤를 같이 하지는 않는다. 가열찬 투쟁과 뜨거운 함성 벅찬 민주화의 열기. 이런 걸 체감하기엔 그저 빡빡머리 추한 몰골로 교실안에 갇혀지내는 중고딩일 뿐이었고 바깥의 치열함이 교실까지 침투해오기엔 제도권 교육의 포스가 너무 강했다. 1988년, 88년 또래의 '메탈파'가 대부분 그러했듯 집에서 하는 일이라고는 오직 방구석에 쳐박혀 판 틀어놓고 음악잡지나 음반해설지를 읽는 것. 오타쿠 인생의 시작이었던 것이다. 허나, "나의 애인은 음악이야" 따위의 거창한 선언을 하기에는 사춘기의 리비도는 하늘을 찔렀다.

우리 중학교엔 3대 퀸카가 있었다. 그중 하나가 바로 K양. 음악보다 K양이 좋았다. 당연한 것이었다. 그녀는 목동에 살고 있었다. 학교는 합정동에 있었다. 그녀를 따라 목동행 버스에 몸을 실고 묵묵히 그녀가 내릴 때까지 지켜본 후, 다시 집으로 돌아오는 것이 하루의 일과였다. 물론, 그녀는 나의 그런 존재를 아마 몰랐을 것이다. 소심했기 때문이다. 단 한마디 말도 못보내고 스토커처럼 맴돌기만 했다. 그러던 와중이었다. 마지막 겨울방학이 시작되려 했다. 태어나서 첫 용기였을 것이다. 어느 때보다 드높은 정열이었을 것이다. 60분짜리 공테이프 5개를 샀다. 그리고 알콩살콩한 록발라드를 싸그리 모아 300분을 채웠다. 이건 요즘 CD 굽는 것과는 차원이 다른 아날로그적 노력이 필요하다. 순서도 미리 맞춰놔야 하고 녹음하다가 잘못되면 처음부터 다시 해야 하며 테이프 껍데기에는 손글씨로 정성스럽게 일일이 곡 제목을 써야 하는, 그야말로 며칠간 공을 들여야 하는 작업인 것이다.

게다가 당시 가지고 있던 LP와 테이프만으로는 약 80곡에 이르는 레퍼토리를 채울 길이 없었다. 따라서 우리 학교 메탈파의 우두머리의 집에 살다시피 하면서 좋은 노래 있으면 눈치봐가며 잽싸게 녹음한 후 구박받기를 일주일, 모진 수모 끝에 300분 콜렉션이 완성됐다.

무릇 이런 자체제작 컴필레이션에는 나름의 타이틀곡이 있는 법이다. 필살기 말이다. 당시 라디오에서도 대히트를 쳤던 스키드로의 'I Remember You'와 건스 앤 로지스의 'Patience'가 주인공이었다. 그때 음악들었던 사람치고 이 노래로 여자 꼬실 생각을

안했다면 진짜 음악을 애인삼은 사람이었을 것이다. 이 필살기는 첫번째 테이프의 A면 첫번째 곡과, 다섯번째 테이프의 B면 여섯번째 곡의 자리를 차지하며 시작과 끝을 장식하는 막중한 역할을 맡았다. 정말이지 유치한 이유였다. 인내심을 가지고 당신을 기다려왔으며, 만약 잘 안되더라도 당신을 기억하겠다는 소박한 의지의 발현이었던 게다.

운명의 그날이 찾아왔다. 가방속에는 행여 기스라도 날까봐 비닐로 단단히 포장한 다섯개의 테이프가 담겨있었다. 그녀는 목동행 버스에 탔고, 나도 평소처럼 마지막 승객으로 버스에 올랐다. 거사를 치루는데 적진을 탐색하는 건 필수, 그녀의 집앞에는 파리공원이 있었다. 그곳을 결전의 장소로 삼을 요량이었다. 그녀가 파리공원의 분수대를 지날 무렵, 성큼성큼 큰 걸음으로 그녀의 뒤를 바짝 밟았다. 인기척을 느꼈는지, K가 뒤를 힐끗 돌아봤다. 15년간 발휘한 용기의 총합보다 더 큰 용기를 냈다.

"저… 저기!"

그녀의 동그란 눈동자가 더 커지며 시선이 마주쳤다. 그녀는 멀뚱멀뚱 쳐다보고만 있었다. 어디 인기녀에게 이런 상황이 한두번이었겠는가. 지극히 평온했다. 여기서 말을 꺼내고 테이프를 덥석 안겨주고 뒤돌아서야 했지만, 불행히도 "저… 저기!"가 내가 가진 모든 용기였다. 입은 일어붙고 몸은 마비됐다. 손은 주머니에서 빠져나올 생각도 하지 않았다. 간신히 말을 던졌다.

"홍대 가는 버스 어디서 타?"

젠장. 젠장. 젠장. 젠장. 옆에 있는 분수대에 빠져 죽고 싶은 심정이었다. 역시 그녀는 인기녀였다. 그동안 이런 질문도 숱하게 받았겠지. 손가락으로 무표정하게 저쪽을 가리키며 "저어~기"라 말한 후 몸을 돌려 집으로 향했다. 나는 인사조차 하지 못한 채 쿵쾅거리는 심장만 부여잡고 버스 정류장으로 향했다. 일말의 기대가 있었다. 영화에서 흔히 보듯 이런 상황에서 그녀가 나를 불러 먼저 긴장감을 풀어준다던가 '이대로는 안돼지!'하고 마음속으로 외치며 그녀를 향해 달려간다던가 하는. 그러나 환상이었다. 현실은 원래 냉혹한 법이다. 하지만 16세 소년이 그런 현실 따위 알 리가 없었던 것이다. 인내와 추억이 담긴 테이프는 친구들의 생일 선물로 하나씩 사라져갔고, 그후 나에게 파리 공원은 듣기만 해도 왠지 가슴 섬뜩한 장소가 되고 말았다.

임마하 월드

연합고사를 앞두고 부모님이 나를 격려하기 위해 내건 조건은 이 랬다. "연합고사에서 200점 만점에 180점 이상을 받으면 오디오 를 사주마." 중3은 내 인생이 망가지기 시작하던 무렵이다. 언제 나 학업에 매진하며 품행이 방정하여 타의 모범이었던 나는 음 악에 빠지기 시작하면서 영어학습 테이프 대신 본 조비와 잉베이 맘스틴의 음악을 워크맨에 걸어놓고 있었고, 참고서 밑에는 언제 나 음악 월간지 최신호가 깔려 있었다. 그러다가 걸려서 먼지나 도록 두드려 맞곤 했지만 그 와중에도 테이프와 잡지만은 빼앗기 지 않으려 처절한 사투를 벌이곤 했다.

오디오는 아마도 채찍질에 지치셨을 부모님께서 궁여지책으로 제시한 당근이었고 나는 그 당근을 뽑아먹기 위해 100일도 안남 은 연합고사를 앞두고 미친듯이 다시 학생의 본분으로 돌아가려 애썼다. 물론, 애만 썼을 뿐이다. 실제로 돌아간 건 아니었다. 다만, 적어도 부모님이 깨어 계실 동안에는 음악을 듣지 않았고 잡지를 뒤적이지 않았다. 대신, 노래 가사를 외워가며 영어실력을 키웠고 머릿속으로 노래의 멜로디를 되새겨가며 기억력 증진에 매진했다. 그러나 세상의 어떤 연합고사에서도, 적어도 우리나라 연합고사에서는 노래 가사나 멜로디 암기력 따위로 점수를 매기지 않았다. 모의고사 점수는 회를 거듭할수록 떨어지거나 잘해야 제자리였지만 그 절망을 이길 수 있는 힘은 주말마다 가던 청계천에서 나왔다.

청계천이 등장하면서 사라진 청계4가 아세아 극장(이것도 무슨 교회로 바뀌었다) 앞 육교에는 '세일레코드'라는 빽판가게가 있었다. 당시의 중학생들에게 메탈을 제대로 듣느냐 아니냐의 기준은 이곳에서 빽판을 사느냐 아니냐로 나뉠만큼 절대적인 권위를 갖고 있던 장소다. 엄격했던 심의 때문에 정식 발매되지 못했던 판, 계약이 되지 않아 발매도 되지 못했던 판들이 빽판으로 주로 발매되곤 했다. 가격은 2,000원. 막 직배사가 들어와 판값을 4,500원 받기 시작했던 시절이니만큼 가격또한 빈곤한 지갑사정에 딱 맞았던 것이다. 자켓의 인쇄상태가 조악하기 그지 없는, 심지어 뒷면은 대부분 흑백인쇄로 찍혀있고 LP도 휘어있어 턴테이블에 걸어놓으면 바늘이 위아래로 넘실거리기 일쑤였지만 그때

는 그런 걸 따질 겨를이 없었다. 어쨌든 음악이 고팠던 것이다. 문제는 수험생이라는 신분. 보통 한두장, 많으면 서너장을 들고 집에 왔다가는 댓바람에 불벼락이 떨어질 게 뻔했다. 하지만 세상에는 어디에나 개구멍이라는 게 존재하므로 희망이 있는 법이다. 내가 쓴 방법은 이랬다. 우리집은 연립주택의 1층이었다. 내 방의 창문은 대로변에 나있었다. 그리하여 나는 일단 집에 도착하면 담벼락 위에 올라가 창문을 열고 판을 던져 넣은 후 아무렇지도 않게(이왕이면 독서실에서 공부하다 와서 매우 피곤하다는 식의 표정을 짓는 게 효과적이었다) 방으로 들어와 침대위에 나뒹굴고 있는 판을 침대밑으로 고이 위치이동해뒀다. 물건을 훔치기 위해 머리를 쓰는 건 몰라도 반입하기 위해 머리를 써야했다니, 역시 대한민국 청소년의 삶이란 뭐든지 힘들기 마련이었다. 그렇게 불법으로 반입된 불법음반들, 다시 말해 빽판들이 침대밑에 둥지를 틀고 있었다.

연합고사 디데이가 가까워질수록 침대밑은 빼곡해져갔다. 더 이상 놓을 공간이 없어졌을 때 시험일이 닥쳤다. 시험을 치르고 교문을 나왔다. 눈물이 흘렀다. 점수는 아무래도 좋았다. 설마 고등학교를 못 가겠는가. 그래도 한때는 학업에 매진하며 품행이 방정하여 타의 모범이었던 신분이었는데 말이다. 다만 뭔가가 하늘을 날아가는 환상이 보였을 뿐이다. '수험생을 위한 격려대잔

치'라는 카피 하에 시험 직전의 석간신문에 대문짝만하게 광고가 실렸던 보급형 오디오세트가 날개를 달고. 날씨는 을씨년스러워도 그렇게 을씨년스러울 수가 없었다.

그러나 뜻이 있는 곳에 길이 있었다. 한번 망가진 인생은 걷잡을 수 없이 망가지기 시작했다. 학업에 매진하며 품행이 방정하여 타의 모범이었던 신분은 바야흐로 과거완료, 이제 눈에 뵈는 게 없는 불량소년의 본색이 드러나기 시작했다. 언제 침울한 표정을 지었냐는 듯 보무도 당당하게 대문을 열고 들어간 나는 큰소리로 외쳤다. "엄마, 채점해봤는데 185점쯤 된 것 같아!" 속전속결로 전자제품 대리점으로 달려가 오디오세트를 들고 왔고, 이날을 위해 쟁박아둔 LP들을 침대밑에서 꺼내고 먼지를 털어낸 후 턴테이블 위에 걸었다.

얼마 후 시험 결과가 나왔다. 엄마는 실로 오랜만에 분노의 일갈을 날리셨지만 이미 산 오디오를 반환할 수는 없는 노릇이었던 데다가 거짓의 소산인 오디오를 단숨에 몽둥이로 내리쳐 박살내기에 그리 배포가 크신 분은 못되었다. 아무리 때려도 부서지지 않는 내 푹신한 몸뚱이만 작살나고 있었다. 그래도 좋았다. 어느 평화로운 주택가의 평화롭지 못한 단독주택에서는 어머니의 고함소리와 헬로윈의 〈Keeper Of The Seven Keys〉가 함께 울려퍼지고 있었다. 후일 직장인들에게 '임마하'로 통용되던 'A

Tale That Wasn't Right'를 들을 때마다 귓가에는 1989년 연말의 어느날, '나중에 희대의 사기꾼이 될 놈' 운운하시던 어머니의 외침이 함께 아른거린다. 바야흐로 암흑의 틴에이저 시대가 개화하고 있었다.

턴테이블 돌리고 2

고독한 기타맨

요즘은 어느 동네에나 DJ 지망생이 한두명쯤 있다. 턴테이블과 믹서를 갖춰놓고 플로어의 정복자를 꿈꾸는 소년들 말이다. 마찬가지로 어느 동네에나 록커 지망생 한두명쯤 있던 시절이 있었다. 학원에서 불철주야 핑거링을 연마하고 집에 들어와 방구석에 처박혀 피킹을 갈고 닦던 그들은 대체로 집안에서는 내놓은 자식이요, 동네에서는 불령선인 취급을 받곤 했었다. 민감한 사춘기 자녀를 둔 부모들은 행여 자식이 그들을 닮을세라 근처에도 못가게 했으며 록커 지망생 자녀를 둔 부모들은 동네 모임에서 자식 얘기가 나오면 일단 한숨부터 쉬기 일쑤였다.

부모들의 엄금과 상관없이 아이들은 커가면서 억눌린 욕구를 분출할 곳을 찾아 나서기 마련이다. 자칫하면 롤라장을 기웃거릴 뻔한 활동 호르몬 과다 분비 소년들에게 록은 새로운 대안이었다. 88올림픽을 앞두고 국가 차원에서 외국인에게 보여줄 무언가를 찾기 위해서 록을 육성했던 게 계기였다(혹은 그랬다는 설이 있다). 그래서인지 어느 날 갑자기 시나위와 부활이 MBC의 〈토요일 토요일은 즐거워〉에 출연하더니 급기야 KBS2에서는 일요일 저녁 황금시간대에 〈스튜디오 A〉라는 록 전문 프로그램을 방영하기도 했다. 스튜디오 A로 말하자면 당시 다운타운가의 인기 DJ, 이진이 정말 북치고 장구치고 다 한 프로그램이었다. 전자드럼 세트를 뒤에 쌓아놓고 밴드 소개 멘트와 함께 시도 때도 없이 드럼을 연주하곤 했었는데 막 사춘기에 접어들었던 내가 보기에도 참 뜬금없다는 생각이 들었다. 게다가 지금 생각해보면 더 어이없는 게 나이트클럽 DJ가 록 프로그램을 진행하는 게 왠 말이란 말인가. 하지만 어디까지 지금의 시점일 뿐, 당시야 시스템도 체계도 없었던 순박한 저개발의 시대였으니 그저 유쾌하게 웃어넘기면 그만이다. 어쨌든 그런 록 육성책에 힘입어 '쌍팔년도'는 온갖 저개발의 추억을 남겼다.

어느 동네나 그랬듯 우리 동네도 록커 지망생이 있었다. 짝 달라붙는 리바이스 청바지(아니, 핀토스나 조다쉬였을지도 모른다)에 나이키 B.B.화(요즘 말로는 스니커라 불리는)를 걸치고 '제제'라는 브랜드에서 찍어낸 메탈 티셔츠(이 티셔츠의 단점은 참으로 여러가지가 있었지만 그 중 으뜸은 몇번 빨면 프린트가 누더

기가 된다는 거였다)만을 고집했던 그 형을 우리는 '기타맨'이라 불렀다. 허영만의 만화 〈고독한 기타맨〉이 동네 만화가게의 베스트셀러였던 탓도 있지만 성도 모르고 이름도 몰랐기에 그 형이 기타 가방을 메고 동네를 쏜살같이 지나가면 우리끼리 '야 저기 기타 멘 형 지나간다'라며 온갖 호기심을 털어놓곤 했기 때문이다. 그러나 전기기타와 통기타의 차이점도 몰랐던 데다가, 부모님들의 엄한 교육에 힘입어 록은 탈선으로 향하는 편도 티켓이라 생각했던 꼬마들에게 기타맨은 공포의 대상이었다. 정말 순진한 친구는 간첩과 비슷한 레벨로 그 형을 무서워했던 것도 같다. 나이아가라 파마로 치렁치렁했던 머리에 록커 지망생 특유의 오만한 표정이 가져다주는 위화감, 이 정도를 제외하고는 누구에게도 피해를 끼치지 않았던 착한 청년이었던 기타맨은 기타 가방과 온갖 외모적 요소만으로도 동네에서는 희대의 불량아요, 미래없는 낙오자 취급을 받았다. 동네 부동산 아저씨는 기타맨이 지나가면 두던 장기를 접고 혀를 끌끌 찼고 미장원 아줌마들은 고데기를 지지며 쑤근쑤근거리기 바빴다.

공포의 대상이었던 기타맨이 꼬마들에게 히어로가 된 건 역시 당시 록 육성책의 영향이었다. 물론 대부분은 여전히 기타맨을 외면했지만 나를 포함한 몇명에겐 그 형이 신대철, 김태원, 김도균과 동급으로 보이기 시작한 것이다. 용기있는 누군가가 먼저 기타맨에게 말을 걸었고 동네에선 처음으로 받아본 선망에 기타맨은 곧 꼬마들의 친구가 됐다. 서울 중산층의 자제였으나 사춘기 때부터 록의 외길을 걸었던 탓에 결국 집에서 쫓겨나고 변두리였던 우리 동네까지 표표히 흘러와 어느 지하실 단칸방에서 록 스피릿을 활활 불태우고 있다 말하던 기타맨은 우리에게 이런 얘기를 하곤 했다. "내가 지금 랜디 로즈의 작곡법을 공부하고 있는데 이것만 마스터하면 시나위나 부활은 마땅히 무릎을 꿇어야 할 것이야." "요즘 유행이 잉베이 맘스틴이라며? 록은 서커스가 아니거든. 테크닉보다는 휠링이 인정받을 때 진정한 록의 시대가 열리는 거지." "내가 오늘 어떤 얘기를 들었는데 말야. 응응 그래, 라우드니스의 아키라 타카사키. 글마가 글쎄 얼마나 독한 놈인지 몰라. 글쎄 기타 연습을 하다가 손톱이 부러졌는데 본드로 붙이고 계속 연습을 했다고 하더라고. 그러고보면 일제가 좋긴 좋아 그치?" 기타맨의 표정은 결연하다 못해 엄숙했다. 얼마나 진지한지 가끔은 되도 않는 소리란 생각이 들어도 고개를 끄덕여야 했다. 어쨌든 기타맨은 우리 동네가 배출한 록 히어로가 될 지도 모른다는 순진한 믿음이 있었기 때문이다.

가끔 연주해주던 'Stairway To Heaven'의 아르페지오 몇 소절도 멋졌다. "좀 더 쳐주세요. 그 끝에 징징 거리는 부분까지"하고 요구하면 "아아, 그건 다음에…"라며 난데없는 일장연설을 시작하기를 1년 여, 기타맨은 동네에서 홀연히 사라졌다. 그의 실종을 둘러싸고 온갖 추측이 난무했다. 랜디 로즈의 작곡법을 마스터해서 시나위나 부활의 무릎을 꿇리러 간 것이다, 테크닉이 아닌 힐링으로 인정받아 록의 시대를 열러 간 것이다, 연습하다가 손톱이 부러졌지만 국산 본드로는 붙지 않아 좌절하고 일본으로 건너 간 것이다…. 그런 추측에 종지부를 찍은 건 엄마의 한마디였다. "아, 그 지저분한 애? 월세를 4달인가 못내서 보증금 다 날리고 쫓겨난 거야." 오호 통제라, 비정한 집주인의 처사가 청운의 꿈 하나를 작살낸 것이다.

비록 기타맨은 갔지만 우리는 계속 록을 들었다. 그러다가 파고다 극장에 가면 서울시내의 난다긴다하는 밴드들이 모여 공연을 한다는 것도 알았다. 아직 까까머리 중학생이었건만 누구나 그랬듯 '이만하면 우리도 어른이지'라는 마음으로 낙원상가로 갔다. 또래의 소년들과 왠지 날티나는 여고생 누나들, 그리고 허우대 멀쩡한 처녀총각들 사이에서 장발의 록커들은 말 그대로 히어로였다. 공연이 끝난 후에는 어디의 누가 메탈리카 커버에 성공했다던가, 누구는 임펠리테리를 능가하는 현란한 속주를 들려준다던가 하는 소문이 난무했지만 어디에도, 소문의 끝자락을 샅샅이 뒤져봐도 기타맨의 이야기는 없었다. 그의 이름을 아는 사람조차 만나지 못했다. 언제 어디서 트럭으로 과일을 팔고 있는 기타맨을 봤다, 라는 후일담조차 남기지 않고 기타맨은 사라졌다. 오랜만에 만난 친구와 이런저런 옛날 이야기를 하다가 기타맨 얘기가 나왔다. 한때 록커를 꿈꾸다가 공부로 전향, 사시를 패스한 놈이다. "야, 근데 난 솔직히 음악을 하다가 그 기타맨처럼 되면 어쩌나 하는 생각이 들었어. 무섭더라구. 동네 꼬마들 앞에 놓고 'Stairway To Heaven'이나 울궈 먹다가 월세 못내서 쫓겨날 수는 없잖아." 기타맨은 영혼과 시대 정신이 충만한 음악으로 우울한 청춘들의 인생을 바꾸지는 못했지만 자칫 록커 지망생이 될 뻔했던 한 청년의 인생을 법관으로 바꾼 것이다. 자신의 청춘 중 딱 1년을 할애하여.

할일이 없었기에

하늘에는 구름 한점 없었다. 겉옷을 입으면 덥고, 벗으면 쌀쌀한 그런 날씨가 예고도 없이 찾아왔다. 도시화에 발걸음을 맞추지 못한 동네의 공터에는 코스모스가 피기 시작했다. 나뭇잎은 파랬지만 햇볕이 차마 눈부시지 않아 초록을 즐기는데 무리가 없었다. 바야흐로 가을이었다. 하늘은 높고 말이 살찌는 계절. 그러나 살아 생전 두눈으로 말을 본 적이 없으니 가을이라고 말이 살찌는지 비루먹어 말라 비틀어지는지 알 수는 없었다. 다만 가을과 함께 더욱 살찌는 몸을 보며 말도 찌려니, 어림짐작할 뿐이었다. 그렇게 가을을 실감하고 있었다.

여자는 봄을 타고 남자는 가을을 탄다고 했던가. 실감하는 가을이 외로움을 부채질했다. 얼굴에는 여드름이 부숭부숭 드리운 고교생에게도 외로움은 있었다. 외로움은 욕망을 만나 발정기로 진화했다. 하지만 2차 성징을 맞은 후에는 여자 손 한번 잡아본 적이 없었다. 암울한 80년대를 지나 90년대가 찾아왔건만 암울하기는 마찬가지였다. 대학생들과 지성인들이 노태우와 김영삼, 김종필의 '구국의 결단', 즉 3당 합당에 분노하고 좌절할 때 우리는 고작해야 등교길의 버스안에서나 여학생 구경을 할 수 있다는 사실에 우울해했다. 당시, 음악마저 없었더라면 오직 여자친구를 만들기 위해서 교회를 가거나 재미없기로 소문이 자자했던 교지 편집부에 가입했을지도 모른다.

그러나 음악으로 버티는 생활도 한계가 있었다. 일요일 아침의 늦잠을 포기하고 성당과 교회, 둘 중에 여학생이 많은 곳은 어디인가를 고민하던 무렵, 교지 편집부에서 선배들의 온갖 시중을 들던 친구 녀석이 넌지시 말을 걸어왔다. "친애하는 벗이여, 우리 편집부랑 자매결연을 맺고 있는 이웃 여고의 편집부가 있네. 그곳에 어찌어찌하여 알게 된 여학생이 있는데, 그 여학생의 친구중에 음악을 꽤 좋아하는 이가 있는 모양일세. 내 듣자하니 자네도 고독의 가을을 맞이하여 번뇌의 날을 보내고 있다 하던데, 혹시 이 기회에 남녀상열지사의 큰 뜻을 꾀해보는 건 어떠한가. 생각있으면 언제든지 말해주시게. 그럼 난 이만 선배들 담배 심부름을 가야해서…." "생각? 당장 이번 주말에 날 잡아. 학생 주임한테 담배 꼰지른다. 앙?" 그리하여 주말 홍대앞 L모 패스트푸드점

에서 나는 우리학교 교지 편집부와 자매 결연을 맺고 있는 이웃 여고의 편집부원의 음악 좋아하는 친구를 만났다.

애써 능숙한 척했지만 사실 머리털나고 처음하는 소개팅이다보니 처음으로 무대에 오른 밴드만큼 떨리는 건 당연지사. 작업의 정석, 선수의 왕도 같은 어른의 세계에 발을 들인 것은 그로부터 정권이 세번이나 바뀐 후였으니 당연히 어떤 말을 해야할지도 몰랐다. 그 친구는 교지 편집부였기에 어떻게 하면 격조있는 교지를 만들 수 있을 것인가, 우리 시대에 편집이라는 행위가 갖고 있는 실존적 의미는 무엇인가, 이런 화두로 대화를 나눌 수도 있었을 것이다. 하지만 나는 교지 편집부란 삶에 있어서 단 한줌의 유머 감각도 갖지 못한, 아니 DNA에 유머의 한조각도 새겨져있지 않은 고리타분한 족속들이 드글거리는 곳이며 그 고리타분한 족속들이 만든 교지란 고작해야 수업 시간에 베개 대용으로 사용할 수 있을 뿐이다, 라는 소신을 갖고 있던 차. "교지 편집부에 계신다고요." "예." "제 친구도 그곳에…." "그렇군요." 이게 우리가 교지를 가지고 나눴던 대화의 전부였다. 침묵은 길고 주어진 시간은 짧았다. 답은 하나였다. 음악 얘기였다.

당시만해도 익스트림의 기타리스트 누노 베텐커트의 할아버지의 고향이 어디인지까지 외울 만큼 왕성한 지적 호기심으로 불타오르던 때였으니 음악 얘기를 나눈다면 우리에게 주어진 짧은 시간에 단 1초의 침묵이 개입하는 것도 불허할 수 있으리라. "아 참, 음악 좋아하신다던데. 어떤 음악 좋아하세요?" "헤비메탈 좋아해요. 그쪽은요?" 오옷, 교지편집부에 있으면서 헤비메탈을 좋아하는 여학생이라니! 아마 정치적으로 궁지에 몰린 대통령이 획기적인 정국 타개책을 떠올렸을 때의 기분이 꼭 그랬으리라. "아아, 저도 메탈이 없었더라면 지금쯤 교지 편집부에 있을지도 몰라요. 아무튼, 요즘은 메탈리카와 메가데스에 빠져 있어요. 지난주에 청계천 가서 〈So Far So Good So What...〉 사왔는데, 스래시 메탈을 알고 나니까 LA 메탈은 왠지 시시하더라고요." "어머, 나는 LA 메탈이 제일 좋은데. 엊그제 명동 길거리에서 머틀리 크루 브로마이드를 팔길래 냅다 집어왔는걸요."

자, 여기서 현명한 사람이라면 이렇게 대답했을 것이다. "아, 물론 LA 메탈이 주는 카타르시스와 파퓰러한 센스를 무시할 수는 없겠죠. 헤비메탈이 대중화될 수 있었던데는 역시 본 조비와 머틀리 크루 같은 팀들의 공헌이 컸으니 말이죠." 그러나 내가 그렇게 현명한 사람이었다면, 그동안 소개팅은 아니더라도 폰팅으로 서너번쯤의 연애는 성공할 수 있었으리라. 나의 대답은 이러했다. "에이, LA 메탈 따위는 스래시에 비하면 메탈도 아니죠. 만약 내 열혈 메탈 친구들에게 그런거 얘기했다가는 개무시당해요." 분위기는 싸늘해졌다. 나의 어떤 장광설에도 그녀는 단답으로만 일관했다. 7시에는 일어나야 한다던 처음의 말은 어느 순간 5시에 일어나겠다고 바뀌었다. 이런 지경에서조차 나는 계속 스래시의 위대함에 대해 설파하고 있었다.

5시가 되자마자 소녀는 자정의 신데렐라처럼 일어났다. 아니, 신데렐라는 유리구두라도 흘리지만 소녀는 전화번호 적힌 쪽지 한장 주지 않았다. 그제서야 뭔가 잘못되었음을 느꼈다. 이럴 줄 알았다면 그 학교 교지라도 구해서 읽어보고 올걸 그랬다, 후회했지만 이미 때는 늦었다. 버스는 지나가고 기러기는 날아갔으며 로케트는 발사된 것이다. 억지로 웃으며 작별 인사를 고하는 소녀를 뒤로 한 채 아직 해도 저물지 않은 가을의 홍대앞 거리를 걸었다. 내가 그녀를 무시했던 건 결코 아니었다. 다만 솔직했을 뿐이다. 초보자의 뜨거운 진심이었다. 하지만 눈치없는 솔직함이란 관계에 있어서 종종 재앙의 근원이 된다. 그때는 그걸 몰랐다. 능숙한 소통은 타고나거나, 실컷 깨지고 나서 배우거나 둘 중 하나다. 아아, 얼마나 교훈적인 문장인가. 하지만 이런 교훈 따위, 고교생의 머릿속에는 떠오르지도 않았다. 체면차리느라 다 먹지 않은 프렌치 프라이가 차라리 머리 속을 스치고 있었다.

여전히 겉옷을 입으면 덥고 벗으면 추운 가을이었다. 한자락 바람이 불었다. 하지만 사춘기의 좌절은 그정도의 찬바람으로는 감히 식지 않았다. 첫 시합에 출전한 강백호처럼 눈에 뵈는 것 없던 고교생의 첫 소개팅은 그렇게 아무 것도 아닌 채로 끝났다. 이 글을 쓰는 지금 생각해본다. 노래방만, 스티커사진만, PC 방만, 그 무엇이든 있기만 했어도 스래시 예찬을 벌이며 스스로의 무덤을 파지는 않았을텐데, 하고. 자본주의는 그 총아들을 너무 늦게 분만했구나, 하고.

몽정기의 캐논

먹고살기 바쁘다보니 어릴적 친구들이 한자리에 모이는 일도 점점 뜸해져간다. 기껏해야 결혼식이나 장례식 등에서 안부를 묻고 인연이 끊어지지 않았음을 확인하는 정도다. 인연이 아직 이어져 있기에 망년회를 빙자해서 거나하게 술을 마시고 학창 시절의 추억을 곱씹고 세상 돌아가는 꼴을 한탄해도 어색하지 않은 것일 게다.

고등학교 반창회가 있었다. 혈기 왕성하고 호기심 많던 소년들은 모두 어엿한 사회인이 되어 교복 대신 코트 자락을 휘날리며 호기롭게 거리를 배회했다. 술도 적잖이 마신 터라 간만에 객기를 부리며 10여년 전 걷던 홍대앞 거리를 오랜만에 다시 밟았다. 대부분 사회적으로 인정받고 있는 직업에 종사하는 녀석들인지라 금의환향하는 기분으로 어쭙잖은 객기도 부리던 중 한 레코드

숍에서 익숙한 멜로디가 흘러나왔다. 연말이 되면 방송이든 분위기 좋은 카페에서든 반드시 한번쯤은 듣기 마련인 조지 윈스턴의 'Variation On The Kanon By Johann Pachelbel'이었다.

17 음절에 달하는 긴 제목 대신 '캐논'으로 통용되곤 하는 이 노래는 연인들의 마주 잡은 두손에 힘을 주게 하고 하늘에서 떨어지는 눈송이에 미약한 광채를 불어넣는 아름다운 곡이렸다. 연말이 되면 쏟아지는 이메일에 종종 첨부되기도 할 정도로 겨울의 로맨티시즘을 대변하는 '캐논'이 홍대앞 어느 한 귀퉁이에서 울려 퍼지니 나름대로 로맨티시스트를 자처하는 우리 7명의 사내들도 감상에 젖을 법했건만 한명의 얼굴은 구겨질 만큼 구겨지고 나머지도 터지는 웃음을 주체할 수 없었다. 사연인즉슨 이렇다.

대한민국 남자 청소년의 90%가 자위를 경험했다는 통계가 있다. 정조관념에 시달리기는커녕 우리 친구들 중 가장 성적 호기심이 왕성했던 오늘의 주인공, K가 90% 안에 안 들어갈 리 없었다. 아니, 사실 K는 '하루에 두번씩 하는' 부류에 대한 설문 조사가 있었다면 그 안에 들어가야 마땅했던 놈이다. 심지어 어떤 날은 창백한 몰골로 등교, "어제는 너무 무리했어" 하며 책상에 엎어져 자기 일쑤였으니 갓 결혼한 K의 부인이 밤마다 얼마나 시달릴까 지금도 미루어 짐작할 만한 정도다.

그러던 어느날, K가 하루는 사색이 된 얼굴로 한숨을 내쉬었다.

전날 밤, 어머니한테 '그 행위'를 걸렸다는 게 아닌가. 가족 모두가 잠들었을 무렵, 방문을 닫고 여느 때와 다름없이 바지를 내리고 넘치는 욕정을 스스로 달래던 중 어머니가 문을 벌컥 열고 들어오셨다 한다. 놀란 K는 옷매무새도 못 가다듬고 경직되어 책상 앞에 일어서 있었는데 그 이후에 전개된 K 모자의 대화가 가관이다. 다소의 각색을 보태어 당시 상황을 재현해 보자.

어머니 왈, "네 이놈, 어쩐지 요즘 쓰레기통에 뭉쳐진 휴지가 많다 했다. 언제부터 했느냐." "소자, 고등학교 들어와서부터 했습니다." "고등학교라, 누구에게 그런 못된 짓을 배웠느냐." "학교 선생님들로부터 배웠습니다. 남자고등학교다 보니 선생님들이 수업 시간에 음란한 이야기도 많이 하시더이다." "학교라니, 할 말이 없구나. 아무튼 그런 짓은 대학에 가서 하도록 해라." 표면에 오간 대화는 이렇지만 K의 속사정은 달랐다. 자신은 뒤처리를 화장실에서 물로 하기 때문에 휴지통에는 코 푼 휴지밖에 없었고 중학교 때부터 이미 '그 세계'를 알았지만 차마 고백할 수 없었던 것이며 대학가서 미쳤다고 자위 따위나 하고 있을까 하는 억하심정마저 발동했던 것이다. K의 어머니는 어머니대로 현장 급습에 성공, 기뻐했으나 아들이 '범죄 기술'을 다름 아닌 학교에서 배웠다는 말에 매타작을 실시할 명분을 잃고 마지못해 대학 타령을 하셨을 것이다.

아무튼, 그런 웃지 못할 상황에서 K가 틀어놓은 라디오의 DJ는 분위기 파악 못하고 "12월입니다. 깊은 밤, 여러분과 함께 조지 윈스턴의 피아노를 나누고 싶네요"라는 멘트와 함께 문제의 '캐논'을 틀었다고 한다. '캐논'이 흐르는 가운데 엉거주춤한 자세로 서 있는 K와 무안한 표정으로 아들을 노려보시는 그 어머니의 모습, 참으로 장관이로다. 올겨울에도 어김없이 '캐논'은 계속 울려 퍼질 것이고 그때마다 K는 곤란한 표정을 지을 것이다. 부디 그의 아내가 '캐논'의 애청자가 아니길 바랄 뿐이다.

연남동 잔혹사

〈말죽거리 잔혹사〉의 정문고 못지않게, 내가 다니던 고등학교에
도 군부독재의 영향이 잔뜩 남아있었다. 입학했을 무렵 이미 고
인이었던 5.16 쿠데타의 공신이자 쓰리스타 출신이었던 설립자,
아무개 박사는 졸업앨범뿐만 아니라 학교생활 전반에도 짙게 그
망령을 드리우고 있었다. 아침마다 교문앞에 도열한 선도부원들
이 선생들에게 '충성'을 외치며 거수경례를 하는 것이나 교련선
생이 수업시간마다 두발검사 명목으로 거리낌없이 라이터를 꺼
내어 학생들의 머리에 불을 붙이는 풍경은 전혀 놀랄만한 일이
아니었다.

매주 월요일 애국조회시간마다 학생부 선생들의 주업무는 학생
들의 오와 열을 칼같이 맞추는 것이었으며 교장이 '사열대'에 오
르고 학생 전원이 '충성'을 외치는 순간 관악부는 군대에서 장성

급 간부에게 울리는 장엄한 팡파르를 미친 듯이 울려대곤 했으니까. 연병장과 운동장이 구분되지 않는, 이상한 학풍의 학교를 다니다보니 자연스레 학생들또한 군인과 구분이 되지 않았다. 전원 빡빡머리였던 것이야 당연했다 하더라도 몸속에 흐르는 피도 39도 이하로 떨어지지 않았다.

그중에서도 J는 정말 대단한 크리스찬이었다. 그놈의 전도 능력을 이길 자는 지구상에서 로마교황밖에 없었다. 1학년 수학여행, 그놈과 같은 방을 쓴 10여명의 친구들이 있었다. 취침시간 후 그놈이 시작한 설교를 못이기고 뛰쳐나온 녀석들이 반이었고 끝까지 자리를 지켰던 친구들은 당장 그 다음날 아침 J와 함께 아침 예배를 드리기 시작했다는 끔찍한 일화는 우리 학년에서 좀처럼 잊혀지지 않는 전설이었다. 또 한놈의 열혈 고교생이 있었다. L은 나를 필두로 한 '메탈파'의 수장이었다. 음악의 내공은 일등이 아니었으되 당시만해도 '록 스피릿'의 전범이라 일컬어지던 반항 정신에 있어서는 섹스 피스톨스의 시드 비셔스도 감히 L의 상대가 될 수 없었다. 심지어 평온하게 있는 얼마 안되는 순간에도 녀석은 '반항의 화신인 나 자신에게 반항하고 있는 것'이라는 속내를 털어놓곤 했으니까.

그런 크리스찬 J와 메탈파의 수장 L이 2학년 때 같은 반이 된 것은 13일과 금요일의 만남처럼 불길할 수 밖에 없었다. 어느날 우

리반의 메탈파끼리 모여 한장의 음반을 꺼내었으니 당시만 해도 사타니즘의 신봉자라 여겨지던 오지 오스본의 〈Randy Rhoads Tribute〉. 우리가 입에 침을 튀어가며 "랜디 로즈야말로 비운의 천재였어" "암, 다시는 나오지 않을 인간승리의 교과서지" "게다가 전영혁이 쓴 해설지는 눈물없이는 읽을 수 없다니까" 따위의 담소를 나눌 무렵, 갑자기 옆에서 무릎꿇고 두손을 모으는 이가 있었다. 바로 J였다. "오, 주여 이 악마의 자식들을…." 기도가 끝나기도 전에 반항의 화신 L의 주먹이 주의 어린양 J를 가격했다. "이런, *발 예수쟁이가!" 불행인지 다행인지 J가 그동안 무사히 전도생활을 할 수 있었던 것도 사실 녀석의 만만찮은 주먹때문이었다. "이런, 사탄의 자식*끼가!" 치열한 난타전이 시작되었으나 관심갖는 이 아무도 없었다. 두놈다 인기도 지지리 없었고, 사실 싸움 실력이란 것도 보잘것 없었기 때문이었다.

신념을 건 두녀석의 싸움은 보다못해 중재에 나선 우리반 짱의 머리를 L의 주먹이 실수로 건드리고 나서야 끝났다. "이런, *만한 것들이!" 신앙과 음악, 두루 무심했던 우리의 짱에게 사탄의 자식과 예수쟁이는 *만하다는 점에서 그놈이 그놈이었나 보다. 이때다 싶었던 우리의 짱은 그렇잖아도 못마땅했던 J와 L을 피곤죽이 되도록 흠씬 두들겨댔고 그제서야 아이들은 삼삼오오 흥미진진하게 매타작의 현장을 지켜봤다. 때마침 점심 시간이었으니 1:2

의 대결, 이라기 보다는 사자가 두마리 영양을 사냥하는 〈퀴즈탐험! 신비의 세계〉를 시청하듯 아이들은 무심하게 도시락을 먹으며 그모습을 바라봤다. 본의 아니게 최강자에게 당한 두명의 약자는 이 일로 단합했을까. 천만의 말씀. 어쨌거나 메탈파의 수장과 교회파의 수장이 화해한다는 건 역시 여호와와 루시퍼가 평화협정이라도 맺지 않는 한 불가능한 시대였던 것이다. 그뒤로 졸업할때까지, J와 L은 인사조차 나누지 않았고 졸업후에는 신학도와 록커로 각자의 길을 걸어갔다. 이제는 시트콤의 주인공이 되어버린 오지 오스본이 그때 그 사건을 알았더라면, 천국에서 랜디 로즈가 그 광경을 내려다보고 있었다면 어떤 표정을 지었을까. 지금도 궁금하기 짝이 없다.

주혹사

놈이 전화를 했다. 술이나 한잔 하자고 했다. 신촌에서 만났다. 그는 우리를 어디론가 인도했다. 헤비메탈 음악 감상실이었다. 이름은 '주혹사'였다. 거 참 희안한 이름도 다 있네, 싶었는데 놈은 맥주를 벼락같이 들이킨 후 천둥처럼 소리쳤다. "주다스가 복귀했어!" 최전성기의 멤버로 복귀였다. 당연히 한때의 메탈키드로서는 가슴 설레고도 남음이 있었던 것이다. 〈Angel Of Retribution〉이라니, 어떻게 보면 시대착오적이지만 만약 〈Sweetest Heart〉라던가 〈We Are Losers〉라는 제목을 달고 나왔다면 아마 롭 핼포드가 커밍아웃을 했을 때보다 몇배쯤 더 실망했을지도 모른다.

나를 음악의 세계로 인도했던 장르가 헬로윈이나 레이지 같은 저먼 스피드 메탈이었으므로 당연히 주다스 프리스트야말로 기독

교인에게 다윗과 같은 존재였을 테지만 당최 족보를 파고들고 계보를 연구하는 스타일의 애호가가 아니었기 때문에 들리는 것만 듣곤 했다. 따라서 LP가 적잖이 쌓여감에도 알고 있는 주다스 노래라고는 'Before The Dawn' 정도. 물론 친구들에게는 '이 자식들, 니네가 주다스 프리스트의 전곡을 들어보지 않고 감히 메탈을 논한단 말이더냐'라고 으름장을 놓곤 했지만. 인터넷이 없던 시절, 주다스의 전곡을 들어본 놈이 주변에 있을 리가 없으니 노래 제목 따위 대충 얼버무리고 감상평은 대충 지어내면 됐다. 어차피 주다스의 노래 제목이란 늘 '싸나이스러운' 과격하고 비장한 조합으로 이뤄졌던 터라 '몇집에 있는 '타이거 킬링 파이어'라는 노래가 끝장이야' '몇집의 '다크 데스티니 울프'를 듣지 않고서는 주다스를 안다고 할 수 없지' 따위의 구라가 먹히고도 남았다. 친구들은 말없이 고개만 끄덕거리며 감탄했다.

1990년, 〈Painkiller〉가 모든 걸 바꿔놓았다. 스코트 트래비스의 미친 투베이스질에 이어지는 KK 다우닝과 글렌 팁튼의 전광석화 같은 손가락질, 목에 돋았을 실핏줄이 눈에 선히 보이는 글렌 팁튼의 괴성. 이 모든 것이 어우러져 어느 사이비 주다스 팬을 각성시켰던 것이다. 그때부터 청계천 빽판가게를 미친듯이 뒤지고 동네 레코드가게의 먼지쌓인 테이프 더미를 뒤져 주다스의 앨범을 하나둘씩 사모았다. 회현상가에서는 LD를 녹화한 VHS 테이

프를 지금 생각하면 말도 안되는 가격에 사기도 했다. 그리하여 아무리 주다스가 과격하고 비장한 단어를 제목에 쓰곤 했지만 '타이거 킬링 파이어'라던가 '다크 데스티니 울프' 같은 말도 안되는 노래는 없다는 사실을 깨닫고 스스로 부끄러워하며 친구들에게 과거의 거짓을 고백하며 가슴 아파하기도 했다. 사실은 가슴보다는 그들에게 두들겨 맞은 몸뚱아리가 더 아팠지만. 아무튼, 친구들도 나의 컬렉션을 서로 돌려가며 리얼 주다스 팬으로 거듭날 수 있었다. 사건의 시작은 LD 녹화 테이프에 실려있던 'Breakin' The Law'의 뮤직 비디오였다. 기타 리프의 역사에 영원히 남을 도입부의 기타 리프를 들으며 우리는 고개를 끄덕거렸고 중간에 롭 핼포드가 어느 가게의 유리문을 깨고 뛰쳐나와 '뷁킹 더 로, 뷁킹 더 로'를 부르는 장면에서 주먹을 불끈 쥐곤했다. 뭐랄까, 당시 한참 유행하던, 쭉쭉빵빵 가죽 미니스커트 언니들이 교태를 부리던 LA 메탈 비디오에 비하면 품격이 있었고 흰자위 뒤집어 까고 소멱따는 소리를 내던 데스메탈 비디오에 비하면 격조가 있었던 것이다.

당시의 열혈고교생들이 그랬듯 우리는 가끔 한강 고수부지에 모여 앉아 술을 마시곤 했다. "여자 종아리나 붙잡고 있는 페인킬러 비디오보다는 역시 브레이킹 더 로가 더 멋지지 않냐" "롭 핼포드가 대머리 보여주기 싫어서 아마 밴드는 안나왔을 거야" "아 주

다스 프리스트 내한공연 안오나" "근데 왜 안주가 새우깡밖에 없
냐" 등등 여튼 주다스 프리스트와 왕년의 메탈 영웅들에 대해 논
하다보니 새우깡도 떨어지고 소주도 바닥났다. 술이 약했던 한
놈이 비뚤어진 혀로 'Breakin' The Law'의 리프를 부르기 시작했
다(리프를 부르다니, 좀 이상하긴 하다. 노래방도 없던 시절, 기
타를 칠 줄 아는 놈도 없었으니 세치 혀만이 유일한 악기였다. 혀
로 기타, 베이스, 드럼을 모두 소화할 수밖에 없었던 것이다). 어
떤 놈이 되도 않는 샤우팅으로 롭 핼포드의 성대모사를 했고 '브레
이킹 더 로, 브레이킹 더 로' 부분에서는 우리 모두의 웅장한 떼창이 울
려퍼졌다. 1절이 끝나고 2절을 한참 부르고 있는데 한놈(그러니
까 아까 "주다스가 복귀했어!"하고 외쳤던 바로 그놈 되겠다)이
갑자기 벌떡 일어났다. 그리고 달려갔다. 그는 멋지게 날아서 매
점의 유리창을 향해 이단 옆차기를 했다. 말릴 틈도 없이 순식간
에. 화장실에 갔다오던 주인이 놀라서 달려왔고, 우리는 부르던
노래를 끝마칠 틈도 없이 뛰고 또 뛰었다. 이단 옆차기를 날린 문
제의 친구는 이미 아저씨에게 멱살잡힌 채 우리를 바라보고 있
었다. 친구를 두고 도망가는 심정이라니, 만약 아프로디테가 지
옥의 개 케르베로스에게 잡힌 아들 큐피트를 두고 도망갔다면 꼭
그런 기분이었을 테지만 우리는 아프로디테도 아니고 그 놈이 큐
피트도 아니었다. 사실 기분은 이랬다. '미친 쉐키….' 술에 취한

젊은 혈기로 롭 핼포드 흉내를 냈다가는 다음날 교무실로 끌려
가 죽도록 맞은 후 한대 더 맞고, 집에 가서도 해병대 출신 아버
지에게 3시간 동안 매타작을 당한다는 것을 그놈은 손수 몸으로
입증했던 것이다.

그런 끔찍한 사건을 저질렀음에도 녀석은 여전히 주다스의 광
팬이다. 〈Angel Of Retribution〉이 나오자마자 술마시자고 불러
내더니 두시간동안 주다스 얘기만 할 정도로. 그리고는 "주다스
가 복귀했어!"를 약 네번 정도 외쳤다. 마지막에는 혀가 꼬여서
"돠스가 복구해떠?"로 들렸지만 아무튼. 비틀대는 놈을 부축해
서 주혹사를 나왔다. 도대체 가게 이름이 뭔 뜻인가 싶어서 간
판을 자세히 들여다 봤다. 가게의 풀네임은 이랬다. 주다스 혹
은 사바스.

한자루 총을 뽑는 빌리 더 키드처럼

시계바늘이 밤 10시 반을 향하고 있었다. 주택가 단지에 있는 음반 가게라면 응당 문을 닫고도 남을 시간이었다. 손님은 나혼자 뿐이었다. 나는 벽에 가득 꽂힌 테이프들을 바라보며 한시간째서 있는 참이었다. 평화로워야 할 시간이었지만 가게에는 묘한 긴장감이 감돌았다. 마치 이창훈과 조훈현의 대국을 보는 듯한 적막속의 팽팽한 긴장이었다. 이 긴장의 정체는 과연 무엇인가. 아니, 이 긴장의 근원은 어디인가. 바로 고등학생이란 언제나 돈이 없다는 비극적 현실의 소산이었다. 돈이 없어도 듣고 싶은 음악은 많다는 갈증이 긴장의 원인이었다.

자, 그렇다면 한 장의 테이프를 살 돈이 수중에 있고, 무엇을 살까 한시간동안 고르고 있는 상황인가. 그렇지 않다. 만약 그랬다면 여주인은 진작 가게 문 닫을 시간이라고, 어서 빨리 결정할 것을 종용했을 것이다. 그러나 나의 손에는 이미 바클리 제임스 하비스트의 테이프 하나가 들려 있었다. 이미 애초의 목적은 달성한 터. 그렇다면 대체 무슨 미련이 남아 한시간째 면벽수행을 하고 있단 말인가. 미련은 없었다. 다만 고민할 뿐이었다.

당초, 그 날의 목표는 바클리 제임스 하비스트였다. 가게에 들어와서 얼마 안지나 바로 테이프를 꺼내들었다. 어스 앤 파이어, 라떼 에 밀레 등 시완 레코드의 프로그레시브록 LP가 문제였다. "어, 저거 나왔네요? 얼마에요?" 나는 이미 이 시리즈가 한국 라이선스 음반 사상 유래없이 높은 가격에 발매된 걸 알고 있었다. 가격도 대충 알고 있었다. 그럼에도 값을 물어본 건 혹시나 동네 레코드 가게라는 메리트 때문에 단돈 500원이라도 싸지 않을까 하는 막연한 기대였다. 만약 신촌이나 종로보다 싸다면 나는 기꺼이 이 가게를 단골로 삼을 자세까지 되어 있었다.

여주인은 말했다. "아 저건 좀 비싸요. 7천원. 다 수입된 거라서요." 이런, 저토록 새빨간 거짓말을 얼굴 하나 안바꾸고 하다니, 뻔뻔하기 그지 없구나. 평소에 음악 잡지란 음악 잡지는 모두 보고 시완 레코드에서 낸 아트록 매거진을 통해서 이 시리즈가 어떤 과정을 거쳐 발매되는지 훤히 알고 있는 나에게, 라이선스를 원판이라 속이려고 하다니. 원판으로 속일 거면 시세에 맞게 최소한 만오천원은 부르던가 할 것이지 고작 정가를 부르다니. 그

럴 배포도 없으면서 감히 선량한 고객에게 구라를 치려고 해? 저런 태도야말로 발매되는 앨범 한장 한장마다 이 필청의 명반, 숨어있는 명반, 더 나아가 명반 중의 명반이 발매되기까지 얼마나 험난한 과정을 거쳤으며 오리지널 커버를 재현하기 위해서 숭고하기 이를 데 없는 장인 정신이 동원됐음을 설명하느라 해설지의 3분의 1을 소모하는 음반사 측의 프라이드에 도저히 만회할 수 없는 흠집을 내는 것이다, 라고 나는 준엄하게 생각했다.

음악을 모독하는 자여 천벌을 받을지어다, 라는 마니아의 스피릿이 발동했다. 그리고 약간의, 아주 약간의 사적인 욕심이 얹혔다. 슬쩍 눈을 돌렸다. 지금은 일스를 이끌고 있는 E의 솔로 앨범이 테이프로 꽂혀 있었다.

나는 말없이 다시 벽을 보고 섰다. 한눈으로는 E를 뚫어져라 응시하고 또 한눈으로는 여주인의 동향을 흘깃거렸다. 말없이 앉아있던 그녀의 고개가 아래로 향했다. 오호라, 장부 정리라도 하는가 보구나. 시선의 빈틈을 놓치지 않고 나는 비호처럼 빠른 동작으로 E의 테이프를 뽑아서 코트 주머니 속에 넣었다. 서부개척시대의 풍운아, 빌리 더 키드가 권총을 뽑는 동작이 그보다 빨랐을까. 마니아의 스피릿이 발동했고 돈없는 고등학생의 사적인 욕심이 더해져 가능했던 초인적 스피드였다. 바야흐로 응징의 90%, 사적인 욕심 충족의 90%가 이로써 완성된 것이다. 아아 위대하도다, 마니아의 혼이여.

한발의 총탄으로 상대의 심장을 관통시킨 빌리 더 키드의 의기 양양함으로 바클리 제임스 하비스트를 계산하려 몸을 돌린 찰나, 여주인이 벌떡 일어섰다. 불과 10초전과는 다른 냉기어린 표정으로 그녀는 테이프가 꽂혀있는 벽으로 향했다. 그리고는 E가 꽂혀있던 벽앞에 섰다. 짧은 찰나에 온갖 비속어로 이뤄진 절망의 표현들이 머릿속을 스쳤다.

하지만 그녀는 아무 말도 하지 않았다. 손을 E가 꽂혀있던 칸으로 뻗더니 옆의 테이프들을 밀어 타다닥, 소리가 나게 그 빈칸을 메웠다. 왼쪽에서 오른쪽으로 신속히 테이프를 밀어내는 그 손길은 정말이지, 역도산의 당수 같았다. 사나이의 모든 것을 건 듯한 바로 그 당수. 알아서 계산해라, 안그러면 승모근을 포함하여 목근육 일체를 끊어 버릴테다, 라고 손끝은 말하는 듯했다. 필살의 당수를 작렬시키고 승리를 거머쥔 역도산처럼 그녀는 타박타박, 계산대로 향했다. 그리고는 턱을 괴고 앉아 이 쪽을 뚫어져라 보기 시작했다.

진퇴양난이었다. 저 눈빛을 무시하고 바클리 제임스 하비스트만 계산했다가는 필살의 당수에 목이 날아갈 판이었다. 수중에는 돈 한푼 없었다. 5평이 될까말까한 좁은 가게에는 그때부터 긴장이 모락모락 피어올랐다.

여주인의 동향을 살폈다. 턱을 괸 두손이 내려올 줄 몰랐다. 그녀는 내가 바클리 제임스 하비스트와 E를 모두 사길 바랬고 나는 E를 원위치시키고 사건을 원점으로 돌리기 바랬다. 우리는 〈데스노트〉의 라이토와 L처럼 치열한 신경전을 펼쳤다. '무슨 까닭인지 저 아이는 속셈이 들켰음에도 밖으로 나가려 하질 않고 있어…. 아니, 나한테서 눈을 떼지 않으려는 건가? 지금까지와는 반대로 감시당하고 있는 기분이군…. 지금 아무일도 없었다는 듯 E를 가지고 간다는 건 불가능해. 그렇다면….' '비록 불타는 마니아의 혼은 좌절했지만 아직까지 답이 없는 건 아니야. 그녀가 잠시라도 눈을 다른 곳으로 돌린다면…. 일단 원래 있던 자리에 이걸 꽂아놓기만 하면 당초 샀던 바클리 제임스 하비스트만 계산해도 나는 이곳을 빠져나갈 수 있어. 그러기 위해서는….' 장고가 시작됐다.

한시간이 흘렀다. 틱, 소리가 났다. 볼펜 떨어지는 소리였다. 잽싸게 눈을 돌려 힐끔 그녀를 봤다. 오호라. 몸을 숙여 펜을 줍고 있었다. 그 찰나의 순간을 나는 놓치지 않았다. 소리없이, 신속하게 카드를 펼치는 카지노의 딜러처럼 스르륵 테이프를 옆으로 밀고 테이프를 꺼내 원위치에 꽂았다. 그순간, 가게안에 한가득 고여있던 긴장은 4차원의 입구로 빨려들어가버렸다.

뭔가 이상하다고 느꼈는지 그녀가 벽으로 시선을 돌렸다. 보무

도 당당하게 원위치에 꽂혀있는 E를 보았기 때문일까. 여유만만
하던 그녀의 눈빛에는 살짝 패배감이 감돌기 시작했다. 그런 그
녀를 조롱이라도 하는 듯, 나는 한껏 선량한 표정으로 계산대로
갔다. "아, 아무리 봐도 살 게 없네요." 싱긋 웃어주며 테이프 값
3500원을 지불한 후 가게 문을 열고 밤거리로 나왔다. 1박2일의
대국 끝에 트로피를 거머쥐고 집으로 향하는 이창호가 된 기분이
었다. 그녀가 뒤쫓아 나왔다. "저 손님." "예?" 그녀는 뭐라고 말
하는 대신 "아니에요"라며 셔터를 드르륵, 내려버렸다. 뭐라 말
할 수 없는 눈빛으로 나를 노려보며. 바야흐로 빌리 더 키드가 역
도산에게 승리하는 순간이었다. 위대한 마니아의 혼이여, 그 앞
에 누가 당할 것인가.

지하철의 판테라

어떤 의미에서는 고3때처럼 놀기 좋은 시절도 없었다. 수면 위를 우아하게 떠다니는 백조가 사실 그 밑에서 추할 정도로 버둥버둥 물갈퀴질을 하듯, 고3이라는 단어는 꽤나 많은 물밑의 비행을 용인하게 해주는, 어떤 특권의 다른 이름이나 마찬가지였다. 언제나 부족한 수면은 독서실에서 해결하면 그만이었다. 그것도 모자라 집에 오자마자 쓰러지고 학교에서도 '의자는 침대요, 책상은 베개일지니'라는 신념 하에 주야장천 잤다. 참고서 값, 모의고사비 등의 명목으로 부모님의 지갑에서 내 지갑으로 위치이동한 돈은 그 어느때보다 넉넉한 음반 구입 비용이 되곤 했다. 정말 불량 학생이요, 불효자였다. 이 자리를 빌려 부모님께 사과드린다.

아무튼, '판값'이 넉넉하다 보니 자연히 국내에 정식 발매되는 음반만 가지고는 성에 찰 리가 없었다. 게다가 외국에서 인기를 끄는 음반이 국내에 출시될 때까지 기다리기에는 성미도 너무 급했다. 때마침 한친구의 누나가 미국 여행을 다녀온다고 했다. 그친구를 조용히 불러내 학교앞 분식집으로 끌고 갔다. 당시에 막 인기를 끌던 라볶이와 김밥을 잔뜩 먹이고 꼬깃꼬깃한 만원 지폐를 손에 안겨 주었다. 당시 미국에서 '모던 헤비니스'라는 신조어를 만들어내며 메탈계의 신성으로 떠오르던 판테라의 두번째 앨범 〈Vulgar Display Of Power〉를 누나에게 사다달라 부탁할 심산이었다. 그냥 부탁해도 되었건만 향응을 제공하며 꼬신 이유는 그누나의 성질이 너무 표독해서 그친구는 물론, 집에 놀러간 친구의 친구들까지 각종 욕과 멸시를 받는다는 사실을 알고 있었기 때문이다. 비록 라볶이와 김밥은 얻어먹었지만 친구는 그 이상의 욕을 누나에게 얻어먹었으리라.

그로부터 약 한달후 반짝거리는 직사각형 케이스에 담긴 카세트 테이프 하나가 내 손에 쥐어졌다. 당장 워크맨이 있는 독서실로 달려가 테이프를 틀었을 때의 전율이란 아직도 잊혀지지 않는다. 그 이전의 헤비 메탈은 모두 장난이었다고 선언하는 듯한 다임백 데럴의 자극 120% 짜리 기타 디스토션, 한마리 성난 짐승에 다름 아니었던 필립 안젤모의 보컬 앞에서 고3 스트레스는 단번에 날아가버리고 말았다. 하긴, 고3이라 하여 스트레스를 받

을 만큼 공부를 한 기억이 없으니 날아갈 스트레스 따위 애시당초 없었을지도 모를 일이다. 허공에 주먹을 휘두르며(물론 남들에게 안보일 만큼만), 까까머리를 흔들며 육중한 사운드에 육중한 몸을 맡기고 있는 것은 좋았다. 누군가가 내 어깨를 톡톡 건드렸다. 돌아보니 독서실 실장이었다. 참고로, 당시 내가 다니던 독서실은 엄격한 학생관리로 소문나 당시 흔히 있기 마련이었던 하이틴들의 풋풋한 스캔들이라도 일어났다가는 그즉시 퇴실은 물론이요, 집에 즉각 연락을 취하는 일종의 스파르타식 독서실이었다. 고로 음악을 들으며 주먹을 휘젓고 머리를 흔드는 등의, 면학 분위기를 방해하는 짓거리도 용납될 리 없었다. 다행히도 여고생과의 로맨스가 아닌 음악과의 로맨스였기에 퇴실까지는 아니었지만 무사히 넘어가지는 못했다. 그날 밤 TV 과외를 시청하고 있는 여고생들 앞에서 '공부할 때는 음악을 듣지 맙시다'라고 쓰여진 피켓을 들고 서 있는 나의 얼굴이 석양의 태양처럼 붉었다라는 친구들의 증언이 아직까지 들린다.

많은 시간이 지났다. 까까머리 고3을 수치에 휩싸이게 했던 판테라의 음악적 핵심, 다이아몬드 대럴이 공연장에서 비명횡사했다. 한시대의 영웅이었던, 정확히 말하자면 유비가 사망한 후 촉의 최후를 지켜보았던 모사쯤은 되고도 남았을 그를 떠올리며 〈Reinventing Hell〉을 들었다. 독서실에서 처음으로 'Mouth For

War'를 들었을 때 느꼈던 강렬함, 뒤이어 너바나의 'Smells Like Teen Spirit'을 들었을 때의 아이러니가 새삼스레 살아났다. 퇴근 길의 지하철에는 또래의 사내들이 많이 보였다. 그들 중 누군가 역시 한때 판테라를 들으며 허공에 주먹을 휘둘렀을 것이다. 나 또한 더이상 작게나마 주먹을 허공에 휘두르고 머리를 흔들며 음 악에 몸을 맡길 용기도 없었다. 그래도 필립 안젤모는 여전히 한 마리 성난 짐승 같은 소리로 울부짖고 있었다. 변함없는 것은 그 목소리뿐이었다. 대럴 따위의 죽음, 아무도 모른다는 듯 지하철 은 덜컹덜컹 홍대를 향해 가고 있었다.

광폭의 시대 3

지리산의 귀곡성

예전에 한 선배가 이런 말을 했다. "30대가 넘으면 말야, 고등학교 친구들끼리 모이면 딱 두가지의 이야기만 하지. 돈 아니면 여자." 에이 설마, 나는 그렇게 생각했었다. "아, 그리고 하나 더 있어. 선거 때는 정치 정도." 에이 설마, 역시 그렇게 생각했다. 그럴 수밖에 없었다. 그때 나의 고등학교 친구들은 대부분 공부를 오래하는 처지. 그러니 재태크? 완전 다른 나라 이야기. 여자? 속은 어떤지 몰라도 연애 한번 못해본 인간들 투성이었다. 아하, 아직 30대가 안되서 그런 게 아니라 다만 기회가 없을 뿐이었구나. 정치 얘기는 종종 하니까. 그렇다고 무슨 정치 지망생들도 아니고, 오랜만에 만나서 정치 얘기만 하다가 갈 리는 없었다. 그렇다면 뭘로 낄낄거리느냐, 대부분의 동창들이 그러하듯 옛날 얘기를 하곤 했다. 넌 늘 잠만 잤지, 라는 게 그들이 기억하는 나의 모습. 그럼 나는 재빨리 선생들 별명을 꺼내며 화제를 돌렸다. 선생 얘기가 한바퀴 돌면 다시 넌 늘 잠만 잤지로 회귀했다. 그럼 나는 비장의 카드, 스무살의 지리산 여행을 꺼내들곤 했다.

때는 바야흐로 1993년, 문민정부가 들어서고 한총련이 출범했으며 신세대란 말이 등장했던 무렵이었다. 그러나 우리의 고등학교 친구들은 문민정부, 한총련과 상관없이 굉장히 구세대적으로 단체로 산행을 했다. 여름방학맞이 첫 여행이었다. 바야흐로 어른이 되었으니 어른답게 지리산을 타며 호연지기를 다져보자는 취지였다. 그때 나에겐 워크맨이 없었다. 대신 굉장히 작은 사이즈의 카세트 레코더를 항상 들고 다녔다. 심지어 지리산을 갈 때도 마찬가지였다. 아무리 작아봤자 카세트 레코더, 워크맨과는 비할 바 없이 컸다. 그걸 늘 소지하고 다녔으니 브루클린 뒷골목의 힙합 패거리와 나에게는 태평양을 넘어선 동시대적 교감이 있었던 모양이다. 그러나 브루클린 뒷골목은 가도 가도 평지기라도 하지, 카세트를 들고 지리산을 오르는 건 인간이 할 짓이 못되었다. 게다가 (아마도) 중학교 졸업 이후 처음 등산을 하는 건데, 그것도 지리산의 험준고령을 오르고 있으니 그때 나의 모습은 산왕공고와의 대결에서 후반 10분쯤 지칠대로 지친, 기력조차 없는 북산고 선수들의 상태와 같았다. 그런 상태가 되면 주변 사람들의 반응을 통해 인간의 본성을 알 수 있는 법이다. 대놓고 무시하

는 놈부터 뭔가 분노하고 싶은 데 꾸욱 참는 놈, 그리고 짐을 들어주는 친구까지, 인간이란 성선설과 성악설로 단칼에 구분할 수 없다는 걸 나는 그 짧은 순간을 통해 알 수 있었다.

뱀사골에 짐을 풀었다. 바로 옆에 산장이 있었으나 우리는 가난한 대학 프레시맨. 산장에 들어가는 대신 텐트를 치기로 했다. 산이란 역시 야생스럽게 타야 제맛이다. 산의 맛을 아는 많은 등산객들이 우리 주변에 텐트를 쳤다. 해는 금방 넘어갔다. 어설프게 밥을 지어 먹고 어설프게 자리를 편 후, 어설프게 술을 마시기로 했다. 술이 있는 곳에 음악이 없어서야 맛이 나지 않는다. 드디어 여기까지 힘들게 지고 올라온 금성전자 카세트 레코더의 힘을 발휘할 때가 된 것이다. 물론 친구들은 호기롭게 가방을 뒤져 들을 만한 음악을 찾는 나의 모습을 그리 달가워하지 않았다. 무슨 바닷가나 계곡도 아니고, 지리산을 오르는데 저런 쓸데없이 무거운 짐을 들고 오는 놈을 반가워할 리가. 게다가 이미 고등학교 때부터 내가 듣던 건 이승환도, 신승훈도 아니고 메탈리카 뭐시기라는 시끄럽기만 한 음악이었는데. 나는 제법 눈치가 빨랐다. "걱정마 얘들아. 오늘은 시끄러운 거 안틀거야." 나는 자신있게 오늘을 위해 준비한 록발라드 모음집을 꺼냈다.

이 기념비적인 산행을 위해 출발 전날밤 정성스럽게 녹음한 테이프였다. 그때는 메탈과 얼터너티브가 서로 페이드아웃, 페이드인될 때였다. 그래서 나의 테이프에는 펄 잼의 'Jeremy'와 건스 앤 로지스의 'November Rain'이 사이좋게 담겨 있었다. 나는 눈치만 빨랐을 뿐만 아니라 예측도 빨랐다. 예측은 정확히 들어맞았다. 한 세곡쯤 지나 스키드 로우의 'Wasted Time'이 흐를 때였다. 한 친구가 나즈막이 말했다. "뭐 다른 건 없을까?" 내가 그의 부탁을 들어준 이유는 낮에 헉헉대고 있을 때 그친구가 짐을 한 3분쯤 들어줬기 때문이었다. 그러나 기분이 상하는 건 어쩔 수 없었다. 이렇게 정성스레 선곡한 주옥의 음악들을 무시하다니. 헉헉대며 산을 오르는 모습을 대놓고 무시하던 놈이 "야, 최신가요 없냐? 듀스같은 거"라 말했을 때는 들은 척도 안했다.

그때, 비장의 테이프가 눈에 들어왔다. 얼마전 동아리 선배에게 빌려 반납하지 않기로 굳게 다짐했던 문제의 작품이었다. 황병기의 〈미궁〉. 아아, 이 음악을 처음 들었을 때 얼마나 기이한 체험을 했던가. 어떤 데스메탈조차 이보다 무서울 순 없었지. 키득키득, 숨죽여 웃으며 조용히 〈미궁〉을 카세트에 걸었다. 둥두두 둥둥…. 황병기의 가야금 뜯고 두들기고 비비는 소리가 흘러나왔다. 친구들이 뭐라 말하기도 전에 재빨리 "야 우리 산에도 왔는데 무서운 얘기나 하자"면서 운을 띄웠다. 여자 얘기나 하고 있었으면 당장 테이프 끄라고 난리가 났을 테지만 무서운 얘기와 〈미궁〉은 찰떡궁합이었다. 홍신자의 목소리가 등장하고 신문을 읽다가 비명을 지르고 흐느끼고 그야말로 미친년 곡소리를 할 때였다.

텐트 바깥에서 누군가 소리쳤다. "야 이 개새끼들아. 안 꺼?" 재빨리 테이프를 끄는 것이 당연하건만 이미 술도 취했겠다, 두려울 게 없었다. 우리는 스무살이었던 게다. 어린이를 동반한 텐트에서는 그 어린이의 울음소리가 터져나왔다. 조금만 지나면 아비규환이라도 펼쳐질 분위기였다. 딱 그렇게 흘러가고 있었다. 그때, 텐트문이 발칵 열렸다. "야 너네 뭐야. 이 새끼들 죽고 싶냐?" 딱 보기에도 주먹으로 밥을 먹고사실 것 같이 생기신 분들이 눈을 부라리며 서 있었다. "아따, 이놈들 보소. 껍대가리를 상실해도 아주 단단히 상실했구마잉." "아니 저기…." "언놈이여. 언놈이 요만 요상스런 걸 틀어놓은거. 아야. 긴 말 필요없으. 고거 일루 갖고 와." "네? 어떤거요?" "요 존만한 쉑희야. 그 카세트 말이여 카세트." 망설이는 나를 뒤로하고 짐을 들어줬던 놈이 잽싸게 카세트를 들어 바쳤다. 물론 두손으로. "하, 자장가를 들어도 부족할 이 야심한 시각에 전설의 고향을 찍겠다 이말이제? 어디 내일 아침에 보자고잉." "야. 그냥 가게? 이 새끼들 때문에 잠 다 깬건 어떻게 하려고." "아따. 어쩌긴 뭘 어쩌냐아. 이렇게 해부러야제." 전라도분으로 추측되는 형님께서는 팔을 치켜들더니 카세트를 바위에 내동댕이쳤다. 빠삭. 지리산 뱀사골까지 힘들게 가져올라온 나의 프라이드가 단숨에 부서져버렸다. "니들 오늘 운 좋은 줄 알라고잉. 내가 피곤해서 이 정도로 끝내주는 것잉께." 아마 전라도분이 확실할 형님께서는 서울분일지도 모를 형님을 끌고 사라졌다.

미궁에 이어 형님들 때문에 잠을 깬 등산객들이 이 모습을 지켜보고 있었다. 때는 바야흐로 1993년 여름. 인심이 살아있을 때다. 따라서 이런 상황이라면 누군가 나서서 우리 편을 들어주거나, 하다못해 불쌍하다는 표정이라도 지어야 하건만 시선은 온통 냉담했다. 형님들께서 정의의 사도라도 된다는 듯, 조용히 박수를 치는 이들도 있었다.

여기까지, 이야기를 하면 훗날의 고등학교 친구들은 너 때문에 죽는 줄 알았다며 껄껄껄 웃는다. 모두 지나간 일인 것이다. 아무리 절박한 상황이라도 세월이 흐르면 즐거운 추억이 되는 게 시간의 힘 아니던가. 매번 똑같은 얘기를 해도 매번 똑같이 웃을 수 있다. 이번에도 그랬다. 산행에서 나를 대놓고 비웃던 그 놈이 물었다. "야, 근데 너 그 카세트 그냥 버렸냐? 미궁인가 뭔가." 자, 후일담을 말해주겠다. 비록 하드웨어는 박살났어도 소프트웨어만은 살리자는 일념으로 끙끙거리며 빼온 〈미궁〉을 절벽으로 집어 던진 게 바로 그놈이었다. 그런 만행을 저질러놓고 나에게 묻다니, 과연 인간은 편리한 것만 기억하는 생물인가 보다. 그러다

보니 결국 기억할 만한 편리한 게 없으면 돈과 여자 얘기만 하게
되나 보다. 친구들끼리 고생하며 지리산까지 올라갈 때의 그 설
렘이 없는 나이가 되어서일까.

유리잔에 홀로 눈을

1994년은 경이로운 해였다. 커트 코베인이 죽었고 그린데이를 시작으로 에이펙스 트윈, 벡, 제프 버클리, 콘과 위저의 셀프타이틀 데뷔 앨범, 나인 인치 네일스, 오아시스, 페이브먼트, 포티셰드 같은 앨범들이 우후죽순으로 쏟아졌던 것이다. 서태지는 3집을, 넥스트는 2집을 발매했다. 거기에 듀스도 2집을 냈다. 그런 환경에서 음악 애호가가 되지 않으면 분명히 문제가 있었다.

그해에 나는 스무살이 되었고 옛음악과 새음악을 동시에 듣는 과도기를 겪고 있었다. 요컨대 저 위에 열거된 음반들을 발매와 함께 사모으는 한편, 음반시장의 전성기를 맞아 라이선스로 재발매되고 있던 레드 제플린, 도어스의 전작 앨범들도 사들여야 했다. 또한 선배들과 함께 온갖 아르바이트를 해가며 원판(수입 LP를 그렇게 불렀다)들을 한장에 수만원씩 쳐들여가며 (오직 그것이

반드시 들어야 할 명반이라는 감언이설만으로) 사제끼곤 했다. 누가봐도 돈깨나 들 수밖에 없는 그런 환경이다. 무려 12년전이니, 일개 대학생이 쓸 수 있는 용돈은 지금보다 현저히 낮았으리라는 것도 쉽게 짐작할 수 있으리라.

그럼에도 불구하고 난 왕성하게 음반을 사들였다. 밥을 굶어가며 판을 사는 열정? 택시탈 거 버스타고, 버스탈 거 걸어서 판 가게로 가는 집념? 그럴리가. 이유는 오직 하나, 여자친구가 없었기 때문이다. 남들처럼 돈까스 썰고 압구정동 커피숍에서 커피마실 필요가 전혀 없었기 때문이다.

봄에는 왈츠가 들렸고, 여름은 향기가 났으며, 가을에는 동화읽는 소리가 들렸다. 그에 발맞춰 주변에서는 하나둘씩 커플이 탄생했다. 이곳저곳에서 사랑은 샘물처럼 솟구쳤다. 내가 서 있는 곳만 오직 황무지였을 뿐이다. 사랑의 씨앗을 뿌리고자 그녀들에게 접근했다. 그러나 천신만고 끝에 황무지의 국경까지 왔던 그녀들은 이웃의 비옥한 토지로 발걸음을 돌리기 일쑤였다. 재앙의 땅에서 갈 곳은 오직 콜렉터의 길, 독방에서 체력단련을 하는 심정으로 낮에는 판을 샀다. 하지만 오늘 산 한장의 명반이 그 격한 고독을 달랠 수 있을 리 없었다. 그리하여 밤에는 술을 마셨다. 술에 젖어 일년을 보내니 겨울이 찾아왔다.

그해 겨울이 추웠는지 따뜻했는지는 알 바 아니다. 어쨌든 늘 취

해 있었던 기억밖에 없기 때문이다. 다행히도 혼자 마시는 지경까지는 가지 않았다. 마찬가지로 타의에 의해 순결한 스무살을 보내는 족속들이 꽤 있었다. 술판의 중심은 그들이었다. 커플이란 배척의 대상이요, 저주의 타깃이었던 것이다. 12월의 어느 날, 변함없이 술판이 벌어졌다. 종강은 했건만 할 일도, 갈 곳도 없는 친구들은 두부 김치를 안주삼아 소주잔을 비웠다.

늘 자리에 끼던 누군가가 자리에 없었다. "그놈은 왠일로 안보이냐? 삐삐 쳐봐라 삐삐. 아까 학교에 있던 것 같은데." "얌마, 그 쉐키 여자친구 생겼잖아. 몰랐어? 이제 일주일됐대. 버닝러브야 버닝러브." "…이쁘다냐?" "그리 예쁘진 않은것 같은데, 그래도 그게 어디냐. 올 크리스마스를 여자친구랑 보내는 건데." 몸이 부르르 떨렸다. 우리는 함께 황무지를 걷고 있다고 생각했건만 놈은 툰드라 설원이었단 말인가. 그리하여 하다못해 이끼라도 자라는 토지를 갖고 있었단 말인가. 새로 산 옷을 들고 가게에서 나오자마자 똑같은 옷을 입은 사람들이 세명쯤 지나가라, 만화가게에서 빌린 무협지에서 에로 페이지만 정체불명 액체로 딱 붙어있어라, 따위의 악담을 퍼부으면서 신인 연애가의 탄생을 저주하던 찰나, 소주방의 라디오에서는 한 곡의 노래가 흘러나왔다. 이정석의 '첫눈이 온다구요'였다.

비가 오면 대체로 '비처럼 음악처럼'이 흐른다. 때로는 '비와 당신의 이야기'도 나온다. 게다가 계절별로 다양한 비의 찬가들이 있다. 봄에는 박인수의 '봄비', 가을에는 유열의 '가을비', 겨울에는 김종서의 '겨울비'가 라디오를 찾는다. 그러나 눈이 내릴 때면 어김없이 '첫 눈이 온다구요'다. 한때 미스터 투가 등장해서 야심차게 '하얀 겨울'을 내놨지만 반짝 인기만 누렸을 뿐, 이 노래만큼의 파워는 없었다. 제목에 우선 '첫눈'이라는 구체적인 팩트가 들어있지 않은가. 시즌의 선곡은 곧 제목 장사, 따라서 후일 등장한 터보의 'White Love'가 스키장을 중심으로 지지세력을 얻을 때 까지 이 노래는 겨울 시장에서 가히 독보적인 위치를 차지했다.

그런데 이런 '날씨 쏭'들은 사람으로 하여금 자연스럽게 창밖을 내다보게 만든다. 우리는 라디오에 파블로프의 개처럼 길들여진 것이다. 아니나 다를까, 하얀 눈이 솔솔 내리고 있었다. 커플들은 진작 사라지고 없었다. 짝있는 놈들은 너나할 것 없이 한대뿐인 전화기를 향해 줄을 섰다. 성미급한 놈들은 인근 공중전화를 찾아 밖으로 뛰쳐나갔다. 누군가의 삐삐에 음성 메시지를 남기기 위해서였다. 남아있는 패배자들끼리 술잔을 비우려는데 패배자 모두가 역시 줄을 서 있었다. 그리고는 머쓱한 표정으로 '너희한테 미안해서 그동안 말안하고 있었는데, 사실은…' '괜찮아, 괜찮아. 나도 마찬가진데 뭐. 올 크리스마스는 아름답겠구나' 하는 식의 눈빛을 다정하고도 흡족하게 교환하고 있었다. 오직 나홀로 유리잔 속에 담긴 25도의 두꺼비와 눈을 맞췄을 뿐이다.

집에 오는 버스 안에서도 '첫눈이 온다구요'가 흘렀다. 아저씨, 채널 좀 돌려주시면 안될까요. 다른 채널에서는 여자 DJ가 낭랑한 목소리로 '첫눈이 오면 그이에게 사랑을 고백하고 싶어요' 류의 사연을 소개했다. 버스 안 커플들은 두손을 붙잡고 온 몸을 산낙지처럼 꼬아대며 사랑하지 못해 안달이 났다. 아주, 가관이었다. 세상이 온통 고작 첫눈 때문에 이 난리를 친단 말인가. 집에 가자마자 카니발 콥스의 〈The Bleeding〉을 들어주지, 굳게 마음 먹었다. 왜 70년대 말의 영국청년들이 거리로 뛰쳐나와 펑크족이 됐는지 알 수 있을 것만 같았다. 잔뜩 분노한 표정으로 집에 들어서며, 마치 실직통보를 받은 가장처럼 한숨을 내쉬었다.

거실에서 TV를 보며 장남의 귀가를 기다리시던 엄마는 낄낄대며 말씀하셨다. "너 눈 오는데 여자친구 없어서 그렇지!" 눈물이 그렁그렁, 매달릴 것만 같았다. 그런 엄마에게 그린데이의 'Basket Case'를 불러주고 싶어졌다. 'Do you have the time to listen to me whine….' 내 넋두리를 들어주기도 전에, 엄마는 안방으로 들어가셨다. "그러니까 살빼"라는 말을 남긴 채. 눈이 펑펑 내리고 있었다. 내가 그때 눈속을 달리고 싶었던 이유가 엄마의 말에 상처받아서였는지, 진짜 살을 빼고 싶었던 건지 나는, 기억하지 못한다.

말아톤과 판테라

영화기자 생활을 좀 했다. 주간지에서 매주 기사를 쓰다보니 퇴사한 후에도 영화기사 쓰던 버릇이 남아있었다. 〈말아톤〉을 봤을 때도 그랬다. 시사회에 다녀와서 이런 글을 남겼다. 옮기자면 이렇다.

〈말아톤〉을 보고 오랜만에 감동이란 걸 느낀 이유는 따로 있었다. 우리는 그 동안 장애인을 다룬 수많은 영화를 만났지만 대부분의 작품들에서 장애인들은 코미디 아니면 동정의 이분법으로 나뉘었을 뿐이다. 신체적 부자유는 종종 웃음의 소재가 됐고 그들의 인간승리 드라마는 걷잡을 수 없는 신파로 치달으며 요란하리만큼 비장한 음악과 함께 관객의 눈물을 쥐어짜려 안간힘을 쓰곤 했던 것이다. 하지만 〈말아톤〉은 '달린다'는 행위를 통해서 자폐아 주인공이 어떻게 '성장'하는지에 초점을 맞췄다. 아무도 알 수 없는 자폐아의 심리를 탄탄한 시나리오를 기반으로 생생하게 펼쳐보이며 사실성을 부여하고 입체감을 주입했다. 적당한 선에서 절제의 미덕을 보이는 감정연출, 드라마속에 삽입된 수많은 암시와 복선이 자연스러운 감동을 일궈낸다는 것은 두말할 필요도 없다. 그리하여 〈말아톤〉은 자폐아의 성장이 '인간승리' 같은 거창한 화두가 아니라 그저 세상과의 소통 가능성 획득이라는 것을 아름답게 펼칠 수 있던 것이다.

이런 감상과 상관없이, 〈말아톤〉을 보는 내내 생각나는 사람이 있었다. 때는 1994년, 당시의 다른 음악잡식가들과 마찬가지로 헤비메탈과 얼터너티브, 아트록을 함께 듣고 있던 무렵이었다. 따라서 드림 시어터의 'Pull Me Under'로 하루를 시작하고 펄 잼의 'Rearview Mirror'로 무료한 공강 시간을 달렸으며 안젤로 브란두아르디의 'Nina Nana'와 함께 꿈나라로 떠나는 이종격투기적 일상이었다. 그래도 수험의 스트레스를 핑계로 고등학교 때 줄구리장창 들었던 데스메탈이나 스래시를 더이상 듣지 않았던 것이 그 일상에서 진정한 이종격투기적인 요소는 배제되었다고 말할 수도 있겠다. 그러나 그 와중에도 딱하나, 실연의 아픔을 떠난 그녀에 대한 저주로 승화시키기 위해 들었던 메탈음반이 있으니 판테라의 〈Vulgar Display Of Power〉였다.

학교 동기이자 현재는 H모 밴드에서 기타와 송라이팅을 맡고 있

는 L은 종종 통기타 한대로 'This Love'나 'Walk'를 연주했고 나는 그의 반주에 맞춰 되지도 않는 괴성을 지르며 학생회실을 공포, 아니 혐오의 도가니로 몰아넣곤 했다. 공강 시간을 때우고자 학생회실로 몰렸던 선배동기후배들은 L의 기타 연주를 듣다가 나의 괴성이 시작되면 약속이라도 한듯 모두 사라지곤 했던 것이다. 하지만 얼마안가 나는 '괴성'이 아니라 나의 노래 자체가 그들을 흩어지게 했음을 알았다. 스콜피온스의 'Always Somewhere'를 절규하듯 부를 때조차도, 심지어는 김광석의 '사랑했지만'을 감미롭게 읊조릴 때조차도 그들은 모두 삼삼오오짝을 지어 대피했으니까. 어쩌면 밖으로 나간 후 학생회실로 향하는 다른 친구들에게 경계경보를 발령했을지도 모를 일이다.

그런 참담한 상황에서 언제나 말없이 구석에 앉아 가만히 있던 후배가 있었다. 그 후배는 자폐아였다. 그 친구에게 특별한 관심을 기울인 적은 없지만, 틈날 때마다 말을 걸곤 했다. 돌아오는 대답도 없었고 나에게 한번도 먼저 말건 적도 없었다. 어찌보면 당연한 일이었으리라. 나의 'This Love'에도 학생회실 밖으로 나가지 않는 건 딱히 갈 데가 없기 때문이었다고 생각했다.

'원투쓰리포' 하는 포효와 함께 'Fucking Hostile'에 도전하던 어느 날이었다. 얼굴이 시뻘개져서 '퍼키이이잉~ 호스타이이이일~'이라 울부짖는 나의 근처에는 딱 두명밖에 없었다. L과 그 후배였다. 후배가 머뭇머뭇 다가오더니 뭔가를 말하려는 듯 보였다. 한참을 주춤하더니 뭔가를 묻는다. "그… 그 노래 뭐… 뭐에요?" 그때는 그 친구가 나에게 처음으로 말을 걸었다는 사실보다 드디어 나의 노래에 궁금증을 갖는 사람이 나타났다는 게 더 중요했다. 나는 〈스쿨 오브 락〉의 잭 블랙같은 기세로 판테라가 얼마나 대단한지 미친듯이 썰을 풀었다. "이놈들은 말이야, 메탈리카와 메가데스, 슬레이어의 벽을 뛰어 넘은 유일한 스래시메탈 밴든데, 특히 필립 안젤모의 소 때려잡는 그롤링과 다이아몬드 대럴의 면도칼로 긁는 듯한 기타톤은 헤비 사운드의 신기원을… 어쩌고 저쩌고"라고 설명했지만 사실 그 친구가 알아들을 리는 없었다. 즉시 워크맨을 꺼내서 그 녀석의 귀에 이어폰을 꽂아줬다. 다음날, 후배는 나에게 슬며시 다가와 갓 포장을 뜯은 〈Vulgar Display Of Power〉테이프를 보여주며 고맙다는 듯 고개를 끄덕였다. 아주 약간. 그때는 별 생각이 없었다. 10여 년이 지나 〈말아톤〉을 통해 그때의 사소한 행위가 우리 관계의 '진화'였다는 걸 알았다. 잊고 있던 소액의 만기적금을 타는 기분이었다.

나는 생각한다. 그 친구도 〈말아톤〉을 봤을 거라고. 하지만 그 친구가 나와 같은 느낌을 받았으리라고는 기대도 하지 않는다. 나는 겨우 그 정도의 기억때문에 감동했을 뿐이지만 그 친구에게는 〈말아톤〉이 평생의 모든 기억이었을 테니까. 극중 조승우가 엄마의 손을 놓는 장면에서 어찌 그 사소한 기억을 공유하기를 바랄 수 있으랴. 나는 고작해야 이정도를 바란다. 이정도다. 2004년 12월 6일, 부질없이 가버린 다이아몬드 대럴의 명복을 함께 빌었기를. 90년대의 판테라를 숭배했던 다른 많은 팬들과 함께.

우리는 왜 커트 코베인에게 감사해야 하는가

커트 코베인이 제 머리에 방아쇠를 당긴지도 거의 20년이 다 되 간다. 이런 문장으로 시작하면 으레 추모와 회고, 눈물이 찔끔 흐 를만한 아련한 이야기들이 뒤에 이어지기 마련이다. 여하튼 커 트 코베인은 세상을 뒤흔든 후 죽었고 이시대의 음악을 얘기하 는데 있어서 커트 코베인을 빼놓을 수 없으니 말이다. 만약 그가 아니었다면 무릇 많은 일들이 80년대와 마찬가지로 흘러왔거나 90년대와는 다른 식으로 바뀌었을지도 모르는 것이다. 비록 긴 머리 찰랑이는 형님들이 쩍바지 입고 들려주는 헤비메탈에 열광 했던 세대지만 스스로 90년대의 아이, 라고 자랑스럽게 이야기할 수 있는 건 바로 그시대에 20대를 보냈기 때문이리라. 이 뿌듯함 의 한켠에는 안도감이 떠오른다. 친구 C 때문이다.

C로 말하자면 나의 중학교 동창이자 헬로윈과 임펠리테리, 메탈

리카의 위대함을 연합고사를 150일 정도 남겨둔 시점에서 나에게 설파해준 장본인. 말하자면 내 인생을 바꿔놓은 사람중의 하나다. 일찍부터 록을 듣는 당시의 소년들이 으레 그렇듯 이미 음악에 빠져들어 부모님의 근심거리가 된 형을 둔 탓에 조용필이 끝을 장식하는 〈토요일 토요일은 즐거워〉보다는 송골매가 피날레에 등장하는 〈젊음의 행진〉을 더 좋아했던 친구였다. 올림픽을 앞두고 느닷없이 공중파방송에 시나위와 백두산, 부활이 출연하자 마치 제 세상을 만난 듯 학교방송에 시나위의 '크게 라디오를 켜고'를 신청하던 녀석이었다. 따라서 고등학교 졸업 이후 녀석의 목표는 오직 하나, 록커로의 대변신이었다. 아직 삐삐도 없던 시절이니 C가 록커로 변신하는 중간 과정은 알지 못한다. 다만 스무살의 여름, 근 1년만에 만난 C의 모습은 아직도 기억에 선명하다. 전세계 어디에도 없을 온갖 록 클리쉐들의 총집합 같았던 그 충격적 외모란 커트 코베인의 사망 소식을 들었을 때에 비할 바가 아니다.

아무튼 그래도 신촌의 음악감상실에서는 사자머리와 가죽바지를 입은 형들이 양옆에 언니들을 자랑스럽게 끼고 앉아 메탈리카의 라이브를 감상할 수 있던 시절이다. 나같은 평범한, 고작해야 맥가이버 머리 정도를 흩날리던 사람은 어둠에 파묻혀 스프라이트나 홀짝 거려야했다. 그 어둠을 뚫고 C가 나타났다. 흐르는 노

래는 페이스 노 모어의 'Epic'. 우선 모자가 눈에 띄었다. 스크린이 뿜는 빛을 받아 검은 마도로스 에나멜 모자가 빛나고 있었다. 오호라, 주다스 프리스트의 롭 핼포드가 머리가 벗겨진 후 애용하는 바로 그 모자로구나.

모자 아래로는 등판을 반쯤 덮는 긴 머리가 부스스했다. 누노 베텐커트의 찰랑이는 생머리도, 존 본 조비의 요란한 사자머리도 아닌 나이아가라 파마. 아아, 나이아가라 파마란 말이다. 갓 공장에서 출시된 전구의 필라멘트를 머리에 온통 가져다 붙인듯한 그 머리. 전원만 연결하면 그 즉시 120와트의 빛이 뿜어져나와 어두운 음악감상실을 환하게 하리라, 생각했다.

옷으로 눈을 돌렸다. 아니나 다를까, 어깨에 뽕이 잔뜩 들어간 가죽자켓(어쩌면 레자였을지도 모른다)의 앞면에는 해골 자수가 놓여있었고 뒷면에는 보무도 당당하게 'I Love U.S.A'가 볼드체로 인쇄되어 있었다. 공화당원들이 봐도 민망해할 게 틀림없을 거대한 크기로. 흐음, 한숨을 들이켰다. 티셔츠에 눈이 갔기 때문이다. 메가데스의 로고가 찬란히 새겨진 그 티셔츠, 하지만 금빛으로 빛나야 할 로고는 얼기설기 갈라져있었다. 나염이 제대로 안 먹힌 '제제'의 제품임에 틀림없었다. 들이켰던 한숨이 결국 나오고야 말았다. 눈을 더 아래로 돌리기가 두려웠다.

과연, 바지는 예상했던 대로 뱀가죽이었다. 물론 무늬만. 뭔가 이상했다. 앞과 뒤의 무늬가 달랐다. 아니 이런, 뒤쪽은 호피무늬가 아닌가. 앞은 뱀이요 뒤는 호랑이인 이 바지는 발목의 끈을 묶지 않은 농구화와 안티 패션의 극을 보여주고 있었다. 아뿔싸. 바지와 신발 사이의 저 양말, 흰색이었다. 그것도 BYC.

이 녀석아, 딴건 둘째치고 그 바지는 대체 무엇이란 말이냐. 음, 원래 뱀가죽을 샀는데 내가 하체가 워낙 굵다보니…. 그래서 호피바지를 사서 두개를 합쳤어. 그렇구나. 다 좋다, 하지만 그 바지는 원래 고무줄이 들어있어 그냥 입는 걸로 알고 있는데 신사용 쇠가죽 벨트라니, 할리 데이비슨 벨트도 아니고 말이다. 아아, 허리도 굵다보니 바지가 자꾸 말려서…. 그런데 세탁소에 수선을 맡겼는데 벨트 구멍을 너무 작게 뚫어놔서 어쩔 수 없이 아버지 벨트를…. 나는 이럴 때 사용할 수 있는 딱 하나의 단어를 알고 있다. 그건 바로 절망이다.

제아무리 록커의 흔적만으로도 온몸을 던지는 록커 오타쿠 언니일지라도 록커의 세계를 초월한 C의 아방가르드함에는 역시 절망을 느낄 수밖에 없는 것이다. 머틀리 크루나 메탈리카가 와서 침을 뱉지 않으면 오히려 이상할 그 어처구니 없는 패션에 절망 말고 대체 무슨 단어를 사용할 수 있단 말인가.

그리하여 한동안 시민들의 눈총, 아니 외면을 받았으며 가족들에게는 응징과 무시를 당했던 C가 환골탈태한 것은 역시 너바나 때문이었다. 약간의 시차를 두고 국내에 상륙한 얼터너티브 붐의 세례를 받았던 것이다. 다음해 초, 어느 어두컴컴한 카페에서 만난 C는 떡진 단발머리와 빨간 체크무늬 셔츠, 찢어진 청바지와 지저분한 스니커로 나를 맞이했다. 도도하기 이를 데 없었던 표정은 어느덧 그늘진 루저의 얼굴로 바뀌어 있었다. 바야흐로 한 시대가 끝나고 새로운 시대가 도래한 것이다.

여기서 다시 한번 묻는다. 만약 커트 코베인이 아니었다면 어땠을까. 여러 가지가 달랐을 것이다. 분명한 것은 어쩌면 나는 아직도 에나멜 마도로스 모자에 나이아가라 파마, 악어와 호피를 덧대 만든 바지에 'I Love U.S.A'가 아로새겨진 가죽 점퍼를 입고 도도한 표정으로 거리를 활보하는 C를 만나야 했을지도 모른다. 그는 어떤 의미에서 분명히 세상을 구원했던 게다. 최소한 영원히 외면과 응징을 받으며 살아갈 게 확실했을 한청년의 인생만큼은. 다시 한번 커트 코베인에게 감사한다.

헤비메탈 진혼곡

90년대 초반만 해도 남자가 머리를 가지고 할 수 있는 건 그다지 많지 않았다. 샤기컷, 울프컷? 홋. 지금은 귀두컷이라 불리며 굴욕의 상징이 된 장국영, 또는 정원관 스타일의 앞가르마가 댄디의 상징이었고 듀스 1집에서 이현도가 하고 나왔던 더듬이 머리를 시도한다면 파격의 극단을 보여주는 격이었다. 맥가이버 머리는 멋과 불량의 경계쯤 있었다. 생각해보면 여자들도 별로 할 수 있는 머리가 없었던 것 같지만 어쨌든 남자들은 더했다. 따라서 음악을 좋아하는, 그중에서도 록을 사랑하는 남자들이 자신의 라이프 스타일(물론 이런 단어는 그때 있지도 않았다) 내지는 취향(단어는 있었지만 사용되지는 않았다)을 과시할 수 있는 방법은 단 하나였다. 장발이었다. 그것도 치렁치렁. 얼터너티브의 폭발이 아직 생활 깊숙이 들어오지 않았던 무렵이니 록과 헤비메탈은 항등식이었고 장발은 어떤 대체물도 없는 로큰롤 하이스쿨의 공식 헤어 스타일이었던 것이다.

L은 우리학교 메탈파의 두목이었다. 메탈에 조금이라도 관심이 있는 급우가 있다면 반드시 그를 찾아가야 했고, 그를 찾아간다는 건 곧 헤비메탈의 신에게 충성 서약을 한다는 것을 의미했다. 자신을 찾아온 입문자에게 L은 직접 제작한 필살의 컴필레이션 테이프를 시도때도 없이 선물하곤 했다. 남자든 여자든 가리지 않았으나 우리 학교는 남자고등학교였기 때문에 그 테이프를 선물받은 여자는 아마도 없었다. 따라서 L은 이웃의 여고생에게 밤새워 연애편지를 쓰듯, 여드름 짐승들에게 컴필레이션을 만들어주곤 했다. 그런 L이 고등학교를 졸업하고 장발청년이 될 가능성은 적어도 신학대를 졸업한 사람이 성직자가 될 가능성만큼은 있었다. 그리고 그는 이미 고3 중순부터 자신의 미래를 착실히 설계하기 시작했다. 그에게는 남들보다 일찍 등교하는 단 하나의 이유가 있었다. 두발 단속을 피하는 거였다. 혹여 늦잠을 자는 날이면 당연히 담치기를 했다. 헌데 남들처럼 다듬어가면서 기르는 게 아니라 아예 손을 대지 않았다. 길어지는, 이라기보다는 지저분해지는 머리를 가리기 위해서 그는 필사적으로 구석에 앉았고 화장실을 갈 때도 복도에 학생부 선생님들이 있는지 살핀 후에야 이동했다. 그 모든 불편을 장발에 대한 열망이 커버했다. 그

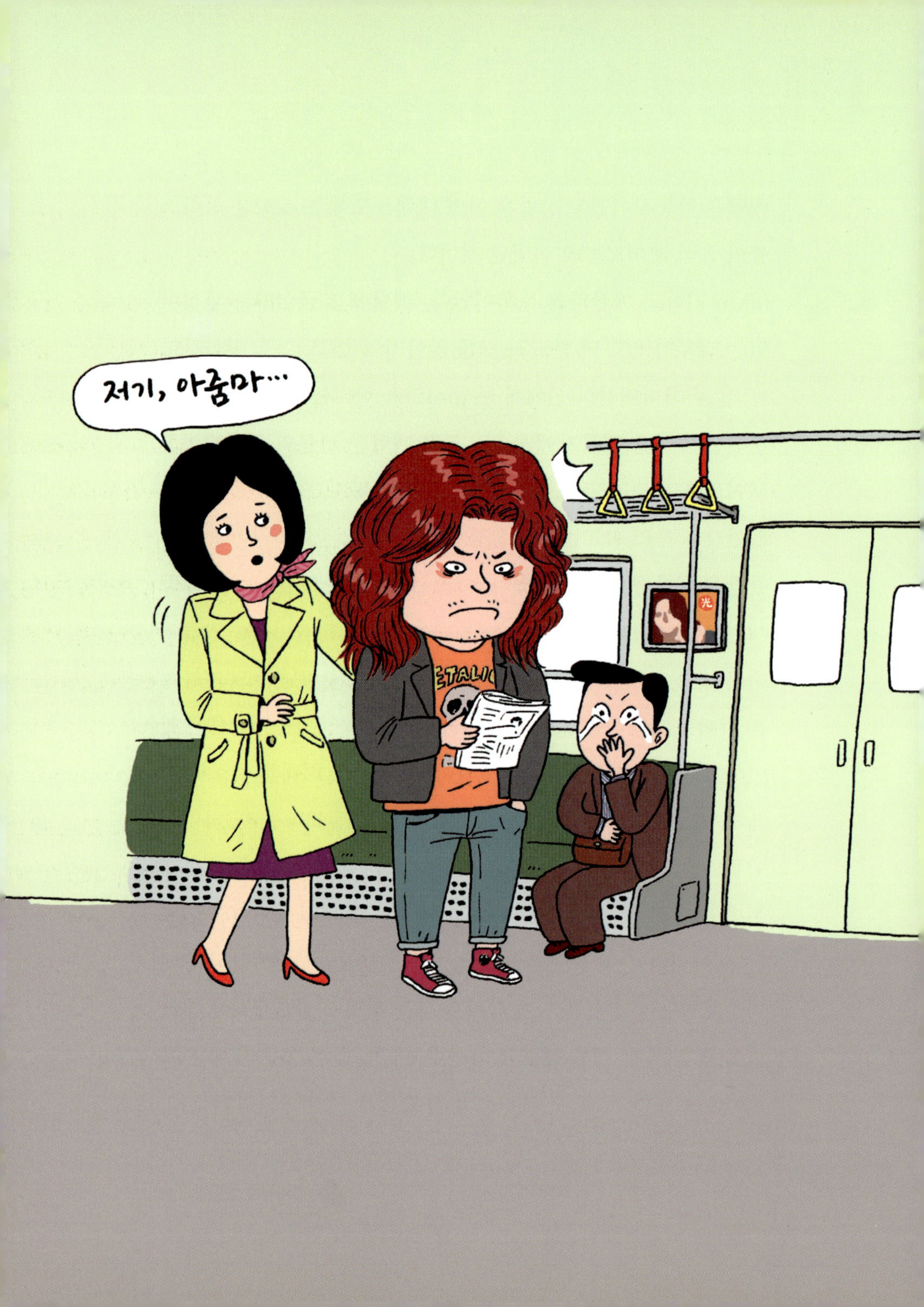

저기, 아줌마…

렇게 해가 바뀌고 졸업식이 찾아왔다. 남들보다 서너배는 긴, 단발도 아니고 맥가이버도 아니고 뭐랄까 거지같은 머리로 졸업식장에 나타난 L은 이미 교복대신 가죽잠바를 입고 있었다. 멋있다기 보다는 LA의 노숙자 같은 형색이었다는 게 솔직한 심정이었다. 왜 하필이면 LA냐, 물론 LA 메탈의 탓도 있었지만 왠지 미국에서는 노숙자도 가죽 잠바를 입고 있을 것 같았다. 아니면 하다못해 레자라도. 그 왜, 미국에선 거지도 영어를 쓴다고 하지 않던가. 그러고보니 L이 졸업식날 입고 있었던 게 가죽보다는 레자였던 것 같기도 하다. 아무튼, 록에 대한 비장한 열망, 장발에 대한 영원한 로망을 지킨 채 탄압의 시절을 끝냈다. 그날 그의 마음은 흡사, 일제 치하에서 항일 투쟁의 선봉에 서서 숨어지내다가 해방을 맞이한 독립운동 지도자의 그것과 비슷했을 것이다.

또 세월이 지났다. 2년 후의 그는 누가 봐도 완전한 메탈 청년이었다. 커트 코베인의 사망이 오히려 이 땅의 그런지 붐을 지피고, 그에 감화받은 메탈 청년들 일부가 머리를 잘랐을 때도 L은 꿋꿋했다. 기르고 또 길렀다. 그리하여 그의 머리는 등을 반쯤 덮을 만큼 됐다. 약 2년 반만에 그가 미용실을 찾았던 건 자신의 목표를 드디어 달성했기 때문이다. 고 3 어느날, 자신의 등을 짚으며 "머리가 이쯤되면 그 때는 파마를 하겠어"라던 학창 시절의 꿈을 이루러 미용실 의자에 앉았던 것이다. 여러가지 파마 중

그가 선택한 건 엘레강스 파마였다. 푸들 파마를 하면 머리가 더 짧아보인다는 이유에서였다. 자, 여기서 그의 외모를 설명해야 겠다. 170이 갓 넘는 키에 몸무게는 80을 상회하고 있었다. 어깨 는 넓고 다리는 짧았다. 그런 L이 엘레강스 파마를 하고 나타났 을 때, 희비의 쌍곡선이 그려졌다. 좋은쪽은 내친구 중에 드디어 진정한 록커 간지를 자랑하는 놈이 생겼구나, 나쁜쪽은 그게 왜 하필이면 L이어서 록커의 간지를 손상시키냐는 거였다. 요컨데 그의 의지를 존중할 수는 있으되, 전혀 멋있다거나 하지는 않았 다. 솔직히 말하자면 추했다. 하지만 그의 결연함 앞에 차마 그 말을 내뱉지는 못했다. 하물며 "파마를 하니까 아침마다 드라이 를 하지 않아도 되니까 너무 좋아"라며 의기양양하는 L이었으니 더욱 그랬다.

그해 가을이었다. 평일 오후의 지하철 4호선을 타고 그는 집으로 가고 있었다. 빈 좌석은 없었지만 서 있는 사람은 손으로 꼽을 수 있는, 그런 평온한 지하철이었다. 덜컹덜컹, 달리는 지하철 안에서 그는 이어폰을 끼고 문가에 기대 서 있었다. 머리 때문인지 쳐다보는 사람들이 몇 있었지만, 그런 시선은 이미 적응한지 오래였다. 정말이지 지극히 평화로운 일상이었던 것이다. 하여, 그는 별 생각없이 나인 인치 네일스를 들으며 〈번!!!〉(일본의 헤비메탈 전문지)을 읽고 있었다. 물론 L은 일본어를 전혀 하지 못했으니 읽었다기보다는 그냥 바라보고 있었다는 게 맞겠지만. 그런 L의 어깨를 누군가 툭툭 건드렸다. 그러고보니 조금 전에 뒤에서 자기에게 말을 거는 듯한 느낌이 들었다. 이어폰을 빼고 고개를 돌리려는 참이었다. "저기요 아줌마. 혹시 3호선 갈아타려면 어디서 내려야 하는지 아세요?" 그가 들은 말은 3호선까지였다. 사실 그의 어깨를 친 사람도 거기까지밖에 말하지 못했다. 3호선, 을 말했을 때 L은 이미 고개를 돌린 후였기 때문이다. 아줌마, 라는 소리에 이미 L의 얼굴은 굴욕감으로 뒤덮여 있었다. 그를 아줌마, 라 불렀던 아가씨또한 당황한 기색이 역력했다. 2초후, L과 아가씨는 거대한 민망함을 공유하고 있었다. 평화로운 일상 속에 들어가있던 승객들은 그 모습을 보며 키득거렸다. 점잖은 사람들은 풉, 웃음을 참느라 고개를 숙였다. 곧 지하철이 다음 정거장에 멈췄고 L은 수치를 이기지 못하고 차에서 내려 버렸다. 플랫폼에는 L을 포함해서 두사람밖에 없었다. 아까 그 아가씨였다. 역시 민망함을 이기지 못하고 얼결에 내린 것이다. 다음차가 올 때까지 5분의 시간은 너무나 길었다. 아가씨가 "죄송합니다"라고 어색한 사과를 건넸다. "그런데요, 정말 아줌마 같아서 어쩔 수가 없었어요." 그 즉시, L은 플랫폼을 뛰쳐나갔다. 그리고는 아무 미용실에나 들어가 2년 반동안 고이 기르고 엘레강스 파마까지 끝낸 머리를 싹둑, 잘라버렸다. 미련 따위, 그의 머리속을 스칠 겨를도 없었다.

이 이야기를 들은 다른 친구는 말한다. "나도 비슷한 수준까지 머리를 길러봤는데, 크리스마스 이브에 교회에서 집사님이라는 소리 듣고 크리스마스에 이발소 가서 잘라버렸어. 크리스마스라 그런지 문 연 미용실이 없더라구. 젠장." 긴 머리를 자르는 데 실연을 당하거나 기분이 울적하거나 똑같은 스타일에 질렸거나 같은 이유만 있는 건 아님을, 아줌마와 집사님은 청춘의 상처를 통해 웅변했던 것이다. 독립 투사들 모두가 같은 이유로 항일운동을 포기한 게 아니듯이. 그 후 지금까지, L의 머리는 군대 상병 머리 수준을 유지하고 있다. 집사님 소리를 들었던 친구는 스킨헤드 라이프를 고수하고 있다. 그들의 아픈 추억을 떠올릴 때마다, 나는 그동안 한번도 장발을 하지 않았던 걸 인생에서 가장 잘 한 일이라고 진심으로 생각한다.

나른한 봄날

음악에 대해 글을 쓰고 떠드는 것으로 먹고 산다고 하면 어김없이 듣는 질문이 있다. "그럼 악기 연주도 하시겠네요." 대부분 처음 만나는 자리에서 인사 치레로 갖는 궁금증일테니 진심을 다하여 답변할 필요는 없을 것이다. 이런 류의 질문이란 결국 "원자핵 물리학을 전공하셨다니, 그러면 핵폭탄도 만들어 보셨겠네요"와 마찬가지기 때문이다.

그러나 "아니오"라 답한 후 상대의 면전에 말줄임표만 찍어서야 예의가 아니다. 그런 말줄임표가 통했던 시대는 바야흐로 얼터너티브가 세상을 지배하던 시절이니, 탁재훈이 쇼 프로그램을 지배하는 요즘 그랬다가는 쓸데없이 사회 부적응자 취급이나 당하기 일쑤다. 무엇보다도 그런 단답형의 답변이나 하고 앉아서는 처세의 기본도 모르는 사람이 될 수밖에 없는 것이다. 그리하여 친절하게 답변해주기로 했다. 이를테면 이렇게.

"저의 음악적 첫사랑은 헬로윈이었지요. 이상하게도 저는 그중
에서도 'Eagle Fly Free'의 중간에 나오는 베이스 솔로에 매혹되
었어요. 아, 그 노래는 그들의 명반인 〈The Keeper Of The Seven
Keys Part. 2〉 첫곡으로서 당시의 베이스 플레이어는 마커스 그룹
슈니코프였죠. 지금도 헬로윈에서 활동하고 있는지는 모르겠어
요. 저에게 지금 헬로윈은 소식이 끊긴 중학교때의 짝사랑과 같
은 존재라서 말이죠. 그러다가 아이언 메이든의 온갖 노래들에
서 번뜩이는 스티브 해리스의 베이스 연주를 듣고 나중에 대학에
가게 되면 스쿨 밴드에 가입해서 베이스를 연주하겠다고 마음을
먹었지요. 어쩌면 그 열망 하나로 모진 수험생활을 견뎠을지도
몰라요. 하루 종일 잠자느라 정말 힘들었거든요.

그리고 대학에 합격하자마자 미친듯이 아르바이트를 했지요. 수
험생 때도 안흘렸던 코피를 귀가길의 지하철에서 쌍코피로 터뜨
릴 정도로 악착같이 돈을 모았어요. 30만원쯤 모았나? 낙원상가
로 달려가서 베이스 기타와 앰프를 샀단 말입니다. 어찌나 기쁘
던지. 그런데 막상 집에 와서 연주를 해보니까 생전 악기라고는
리코더와 캐스터네츠, 그리고 트라이앵글만 다뤘던 몸인지라 소
리도 제대로 못냈던 거에요. 교본을 사서 어찌어찌 연습을 해보
니 어찌어찌 소리는 나더군요. 딱 소리만 났어요. 음악이 아니었

죠. 그런데 이를 어째, 빌리 시한이나 마커스 밀러, 그리고 자코 파스토리우스에 익숙해진 귀가 내가 내는 소리를 견뎌내지 못하더라구요. 그럼 악착같이 연습해서 형들의 반이라도 따라가야 하는데 생각해보세요, 한창 미팅이다 온갖 술자리다, 그렇잖아도 유흥과 쾌락의 나날에 탐닉한 3월의 신입생이 방구석에서 기타도 아닌 베이스를 뚱뚱거리고 있는 모습을. 다크하고 험블하죠? 그래서 미련없이 집어치웠어요."

한참을 떠들고 나면 상대는 "그래서 지금은 어떻다는거죠?"라 되묻기 마련. "예, 뭐 결국 C코드도 못친다는거죠. 흠흠." 그렇다면 그때 산 베이스 기타는 어떻게 되었느냐. 그 이야기를 하려고 한다.

자, 누구에게나 학창 시절의 밤을 하얗게 불태우는 짝사랑 하나쯤은 있기 마련이다. 나라고 그런 추억이 없을 리가 없다. 꽤 오랫동안 사모했던 소녀가 있다. 혈기방장한 스무살 소년의 마음이 들끓는 건 좋았으나 혈기만 방장했지 테크닉이라고는 갖추지 못한 스무살 소년은 그녀의 마음을 어떻게 사로잡을지 알 수 없었다. 당시에도 이미 베테랑이었던 친구들은 연애는 낚시와 같다는 화두를 던졌으나 반야심경도 모르는 주제에 선승의 법어에 돈오를 깨쳤을 리가 없다.

어느 화창한 봄날이었던가. 뭔가 그녀에게 멋있게 보일 방법이 없을까 고민하던 소년은 아이디어를 하나 떠올렸다. 바야흐로 여심을 사로 잡는 데 고독한 뮤지션만한 직업이 없다. 남들의 시선을 아랑곳하지 않고 음악에 바친 청춘을 입증하는 것, 이것이야말로 솔로 탈출의 왕도이며 연애 모드의 시작이라 소년은 확신했던 것이다. 그리하여 소년은 그녀의 학생회실에서 정면으로 보이는 건물의 옥상으로 향했다. 진검승부를 앞둔 사무라이가 목욕재계하고 등에 칼을 차듯 베이스 기타를 메고 결연한 심정으로 한계단 한계단 올라 섰다. 옥상에 널부러져 있는 나무 의자에 걸터앉아 베이스를 들었다.

아아, 'November Rain'에서 교회를 등지고 솔로를 연주하던 슬래시가 그렇게 멋졌을까. 'More Than Words'에서 비단결 같은 머리 찰랑거리며 기타를 치던 누노 베텐커트가 그렇게 감미로웠을까. 소년은 멋지고도 감미롭게 베이스를 뚱땅거렸다. 물론 앰프는 연결되어 있지 않았다. 메탈리카의 'Orion'을 연주(하는 척)하는 소년의 표정은 클리프 버튼 못지 않게 비장했다. 말이 좋아 연주지, 세살박이 꼬마가 피아노 건반을 두드리는 것처럼 베이스의 굵은 줄은 퍼커션에 불과했다. 아무렴 어떤가. 어차피 소리도 나지 않으며 설령 난다 한들 저 머나먼 창가까지 들릴 리가 없는 것을. 바람이 손끝을 스치고 구름이 머리 위를 지나갔다. 아무도 오지 않는 옥상에 땅거미가 드리울 때까지 소년은 앰프도 꽂지 않은 베이스를 계속 두드렸다. 소녀가 그 모습을 봐주길 애타게 바라며. 그러나 머나먼 창가에는 소녀는 커녕 화장실 청소 하는 아주머니조차 나타나지 않았다.

소년의 연주는 순찰을 위해 옥상으로 올라온 경비 아저씨의 호통을 듣고서야 끝났다. "학생, 여기서 뭐하는거야?" "아예, 연습 좀…." "아니 좋은 곳 다 놔두고 여기서 무슨 궁상이야." "뮤지션의 혼을 불태우고자…"라 말해봤자 미친놈이 될 터이니 주섬주섬 자리에서 일어났다. 결국 삽질이었다는 얘기다. 포크레인으로 큼직하게 한삽 떠낼 만큼의 삽질. 그 어두운 삽질의 나날을 어떤 기분으로 보냈는지는 기억나지 않는다. 다만 코피까지 흘려가며 모은 돈으로 샀던 베이스 기타는 그날을 끝으로 다시는 가방 밖으로 나오지 않았고 소녀에게 남자친구가 생길 때까지 소년은 소녀의 마음 한자락 얻지 못했다. 정확히 언제의 일이었는지도 기억나지 않는다. 다만 눈이 부실만큼 화창하고 기분 좋을 만큼 나른한 봄날이었다. 누가 뭐래도 청춘이었던 것이다. 무모한 열정이라는 특별한 꽃이 피던.

오토리버스의 기적

90년대의 용장들이 하나둘씩 내한하며 기나긴 기다림의 세월에 종지부를 찍고 있다. 철옹성같았던 헤비메탈 제국의 성벽을 부수며 얼터너티브 시대의 깃발을 올렸던 그들이었다. 90년대란, 외국 음악에 대한 관심이 점점 없어지는 지금과 달리 라이선스 음반의 전성기이기도 했다. 매달 나오는 음악잡지의 발간일을 애타게 기다리고, 매주 음반사에 전화를 걸어 신보 출시일을 확인했으며, 매일 심야 FM을 녹음했다가 테이프가 늘어질 때까지 듣기도 했다. 인터넷이라고 하는 정보의 바다에서 24시간 헤엄치는 게 지금이라면, 한줄기 빗방울에 고마워했던 사막 유목민의 심정으로 음악을 들었던 시절이었다고나 할까. 어쨌든 록의 격변기를 뚫고 살아왔던 당시의 사람들에게 몇몇 소중한 정보의 창구들이 있었다. 한국 헤비메탈 동호회라는 단체에서 매달 발간

하던 〈메탈 어라운드 더 월드〉라는 무크지도 그 중 하나였다. 원래 〈메탈 뉴스〉라는 이름을 갖고 있던 이 잡지는 가끔 국내 메탈밴드를 소개하고 대부분 〈번〉이나 〈케랑〉과 같은 외국잡지 기사를 번역 게재했다. 비록 단도 인쇄에 타자기로 친 글들이었지만 메탈밴드들의 인터뷰라던가 헤비메탈 백과사전, 사타니즘의 역사와 같은 흥미만점의 기사는 이 잡지를 구하기 위해 매달 초 청계천 레코드 도매상으로 달려갈 충분한 계기가 되고도 남았다.

1993년이었을 것이다. 나인 인치 네일스가 이 잡지에 소개됐다. '현대문명의 어두움을 음악으로 구현한…' '전자음향과 헤비메탈을 기묘하게 결합한…' 이런 식의 문구가 관심을 끌었다. 하지만 음악을 들을 길이 없었다. 라이선스는 감히 엄두도 내지 못했고 정통 헤비메탈 아니면 프로그레시브록 앨범만이 빽판가게를 뒤덮고 있었다. 압구정동과 신촌의 수입음반가게는 아직 모를 때였다. 때마침 한 선배가 방학을 틈타 미국에 간다고 했다. "형, 미국가면 나인 인치 네일스라는 밴드 테이프 좀 사다줘요." "그게 뭔데." "아 요즘 미국에서 뜨는 애들이라는데 구할 길이 없네요." 개강 후 선배가 테이프를 건네줬다. 노란색 불꽃무늬를 배경위에 아로새겨진 'broken'이라는 단어. 바로 EP 〈Broken〉이었다.

태어나서 처음 사보는, '원판'도 아닌 '원테이프'를 워크맨에 꽂고 플레이 버튼을 눌렀다. 첫곡부터 몰아치는 자극의 홍수. 온갖 전자 음향이 디스토션 잔뜩 먹은 기타 사운드를 장미넝쿨처럼 휘감고 있었다. 이펙팅처리된 보컬은 데스메탈의 판타지적 공포와는 차원이 다른, 잔혹한 일격이었다. 아직 더위가 채 가시지 않은 9월 초의 캠퍼스 한구석에 앉아 이어폰을 귀에 꽂고 고개를 푹 수그린 채 트렌트 레즈너가 전파하는 세기말의 지옥을 나는 체험했던 것이다.

그런데 이상했다. 테이프 한쪽에 6곡의 노래가 수록된 반면, 다른쪽에는 아무것도 없었다. 수록곡 한면에 3곡, 다른 한면에 3곡씩 싣는 게 맞는 이치일진데 왜 한쪽에 몰아넣었는가. 러닝타임이 짧아서 그런가, 테이프 소재인 석유가 넘쳐나는 미국이기 때문인가, 아니면 새로운 음악이니만큼 새로운 패러다임을 제시하는 것인가, 온갖 추측 끝에 그냥 '미국은 원래 그런가보다' 넘기고 열심히 듣고 또 들었다. 몇달동안 오직 그 테이프 하나만 듣고 다닐 정도였다.

그러던 어느 날 A면을 듣다가 우연히 누른 오토리버스 버튼이 묻혀있던 진실을 파헤쳐줬다. 오옷, 마냥 비어있는 줄만 알았던 B면 어디쯤에 음악이 담겨있었던 것이다. CD였다면 트랙수 때문에, LP였다면 6곡이 끝난 후에도 아직 많이 남아있는 소리골을

근거로 히든트랙의 존재를 알았을 테지만 테이프, 그것도 '원테이프'였으니 알 수 있을 리가 없었다. 사실은 히든 트랙의 개념이란 것도 없었을 때였다. 그 전에 너바나의 〈Nevermind〉가 히든 트랙을 담고 있긴 했지만 불행하게도 라이선스 LP에는 실려있지 않았다. 그 노래들의 제목이 'Suck'과 'Physical'이라는 건 진짜 세기말이 다 되어서야 알 수 있었지만 그런 건 아무래도 좋았다. 더위가 채 가시지 않은 9월초의 캠퍼스 한구석에 앉아 이어폰을 귀에 꽂고 고개를 푹 수그리고 있던 나는 나인 인치 네일스의 노래를 두곡이나 더 들을 수 있다는 기쁨으로 울부짖었다.

그러나 그 기쁨도 잠시, B면을 플레이한 후 정확히 몇분이 지나야 노래가 시작되는지 알 수 없었다. 따라서 A면 몇번째 곡 어디쯤에서 오토리버스 버튼을 누르면 대충 그 근처로 넘어간다는 것만 기억하고 A면 몇번째 곡 어디쯤이 다가오면 오토리버스 버튼 위에 손을 얹고 있는 것만이 유일한 해결책이었다. 날아가는 꿩에게 한방의 총알을 날리는 사냥꾼의 긴장감 비슷한 것이 그후 〈Broken〉을 들을 때마다 감돌곤 했던 것이다. 테이프가 늘어질 때까지 들었던 〈Broken〉은 그후 CD로 바뀌어 〈Downward spiral〉과 〈Fragile〉 옆에 꽂혔다.

음악을 듣는 게 직업이 된 지금, 그때를 생각하면 어쩔 수 없이 이런 생각이 든다. 지금도 음악을, 음반을 그때만큼 소중하게 생각하는지. 그정도의 열정을 가지고 한음 한음에 기뻐하고 있는지. 나이가 먹었기 때문인가, 아니면 마음만 먹으면 못 구할 음악이 없어졌기 때문인가. '쉽다' '편하다', 이런 가치들이 마냥 좋은 것만은 아니란 걸 나인 인치 네일스의 최근앨범 〈Year Zero〉의 크레딧을 홈페이지에서 다운받으면서 새삼 느껴본다. 우리의 청춘이 그리 쉽고 편했더라면 이런 추억도 존재하지 않았으리라. 아날로그의 추억과 디지털의 추억, 어떤 쪽이 진하고 깊을지 아날로그로 살아온 날이 더 많은 나는 쉽게 짐작이 되지 않는다. 하나는 분명하다. 나인 인치 네일스의 내한 공연을 보며 떠오른 감회에 디지털 시대의 그것은 없었다.

청춘비보

〈허리케인 조〉의 마지막처럼 누구나 하얗게 불타오르는 순간이 있다. 42.195km를 완주한 직후의 마라톤 동호회 회원, 동정을 때던 날 일곱번쯤의 명랑을 하고 아침을 맞은 열혈남아 등은 모두 그 순간 읊조릴 것이다. "하얗게 태워버렸어." 헌데, 야부키 조는 하얗게 태워버린 후 저세상으로 가버리지만 한번 태웠다 한들 일상은 끊임없이 이어지는 게 필남필녀들의 삶이다.

1995년 가을은 멜라닌 결핍증에 걸린 단풍나무보다도 하얗게 찾아왔다. 당시 과학생회장을 맡고 있었던 나는 여름내내 전통의 학과 행사에 매달려야 했다. 그때가 스물한살. 세상의 이치와 비즈니스의 논리를 알 턱이 없었다. 오직 열정과 무대뽀, 책임감과 신념 같은 어설픈 단어들로 생전 만져보지 못했던 규모의 예산을 집행하고, 생전 만나본 적 없는 수많은 사람들과 부대껴야 했다. 그저 무사히 끝나기만 해다오, 그것이 하루를 시작하는 유일한 바람이었다.

행사는 끝났다. 어찌어찌 끝났다. 원래 마감은 때려죽여도 하게 돼있고 행사는 때려죽여도 끝나게 돼있다. 매달린 사람들이 아예 망칠 생각만 없다면. 연중의 가장 큰일은 끝났지만, 1995년은 아직 4개월이나 남아있었다. 발목지뢰를 밟은 패잔병이 땅을 기어 본진에 귀환하듯 하루하루를 살아가고 있던 어느날, 찬바람이 불었다. 그리고 나는 그냥 짐을 쌌다. 전날만 해도 아무 생각 없었거늘, 일어나서 그냥 짐을 싼 것이다. 오라는 곳은 없었고 갈 곳 또한 없었다. 그리고는 청량리역으로 가서 가장 먼곳까지 가는 티켓을 끊었다. 춘천이었다. 지갑엔 딱 10만원이 있었다. 은행잔고? 그때도 지금처럼 저축이란 걸 몰랐다.

그렇게 시작된 무전여행이었다. 내일의 갈 곳을 오늘 모르고, 밤의 잠들 곳을 낮에 모르는. 싸구려 식당이 있으면 밥을 먹고, 식당이 없으면 코펠에 수돗물을 받아 라면을 끓여먹는 생활이 시작됐다. 철근을 씹어먹고 이슬을 이불삼아 자도 되는 나이였으니 안락은 여행에 낄 틈이 없었다. 밤이 되면 가장 가까운 대학으로 기어들어가 총학생회실을 찾았다. 인심이 살아있던 시절이었다. 무전여행중인 학생, 이라는 한줄의 문장은 총학생회라면 어디에나 있기 마련인 취침실을 사용할 수 있는 열쇠가 됐다. 게다

가 술도 주고 해장국도 사줬다. 전국 일백만 학도의 휴머니티가 여행의 노잣돈이었던 것이다.

춘천-대전-광주 등을 거치는 동안 짐은 늘어갔다. 길을 걷다가 눈에 띄는 판가게가 있으면 무조건 들어갔기 때문이다. 때는 바야흐로 1995년, LP 생산을 중단하는 레코드 회사가 늘어가던 무렵이었다. 따라서 전국 방방곡곡에 있는 판가게에서 LP를 땡처리하고 그 자리에 CD장을 확충하고 있었다. 그 격변의 한복판에서 나는 운좋게 여행길에 있었고, 운좋게 저렴한 가격으로 숨어있던 LP들을 낚을 수 있었던 것이다. 춘천에서 김민기 1집을 건졌고 한영애 1집, 신중현과 엽전들을 대전의 뒷골목에서 만났다. 광주에서는 킹 크림슨의 〈Island〉를 발견했고 부산에서 듀란 듀란의 〈Rio〉를 찾아냈다. 모두 먼지가 켜켜이 쌓인 채 허름한 판가게의 구석에 짱박혀 있었다. 김민기와 신중현의 앨범을 찾아냈을 때는 마치 에이스 스트레이트, 풀하우스, 스페이드 플러시가 나온 포커판에서 로얄 스트레이트 플러시를 잡았을 때 지어야하는 포커 페이스로 무장해야 했다. 이미 그 앨범들은 그야말로 부르는 게 값이었기 때문이다. 청계천에 갖다 팔면 적어도 몇십만원은 족히 받을 수 있는 희귀반을 단돈 2천원에 살 수 있다니, 그것도 포장도 뜯지 않은 빳빳한 신품을. 과연, 지방의 유서 깊은 판가게는 보물창고였다.

여비 10만원중 3만원 정도를 그렇게 LP를 사는데 썼다. 결국 15
장 정도의 LP를 들고 다녔다는 얘기다. 하루에 족히 대여섯 시간
은 걷는 여행에서 그 정도의 무게를 들고 다니기란 결코 만만한
일이 아니다. 손에 든 LP가 두세장이었을 때는 어서 빨리 서울로
돌아가 턴테이블에 LP를 걸겠노라, 기대에 부풀었다. 예닐곱장
이 됐다. 보물을 얻었는데 이정도 무게쯤이야 참아야지, 근성이
발동했다. 열장이 넘었을 때 근본적인 회의가 몰려왔다. '대체 무
엇을 위해 떠난 여행이란 말인가. 하얗게 타버린 심신에 다시 신
록의 기운을 불어넣기 위한 재충전 아니었던가. 헌데, 산과 강과
바다에는 얼씬도 하지 않고 광역시 및 그 지역에선 먹어주는 도
시만 돌아다니면서 판이나 모으고 있다니.' 뭔가 키에르케고르적
이고 모파상스러운 상념이었다.

그때 또 판가게가 눈에 띄었다. 본래, 제 아무리 실존주의적 회의
주의자일지라도 에피쿠로스적인 욕망을 막을 수는 없는 법. 뚜
벅뚜벅 걸어들어갔다. 국내에서 뒤늦게 발매되었으나 알아주는
이 드물어 절판된 스톤 로지스의 데뷔 앨범을 포함, 양손에 매달
린 LP가 스무장이 넘었을 때 나는 서울로 가는 버스를 탔다. 원
래 최종 목적지 따위는 없는 여행이었으니까, 자위라도 하지 않
으면 스스로의 한심함을 이길 길 없었다. 보름의 여행, 아니 전국
순례 LP사냥을 끝내고 돌아왔을 때 기다리고 있던 건 입대 영장

이었다. 일주일 후에 군대 가라고 나라에서 명령이 떨어졌던 것이다. 청춘이란 책의 마지막 페이지가 뜯겨 나가고 없는 기분이었다. 김민기의 1집을 턴테이블에 걸었다. 그의 목소리가 날 위로해주겠지. 사촌동생이 놀러왔다가 전축을 망가뜨렸다는 비보를, 엄마는 그제서야 전해주셨다. 마지막 페이지가 뜯겨 나간 청춘이란 책, 그나마도 파본이었다.

김광석

생전의 김광석을 본 건 딱 한번이었다. 학교 축제에 초청되어 노래하는 그였다. 김광석은 '거리에서' '이등병의 편지' '광야에서' 같은 노래를 불렀다. 1시간 정도 공연했다. 딱 통기타 한대를 가지고 '흐린 그아을 흐아늘 아래 피연지를 쓰어~'라 노래하던 그의 절창은 아직도 생생하다. 괜히 김광석이 아니구나, 처음이자 마지막으로 확인한 순간이었다.

김광석은 90년대 초반의 대학가에서는 공기와 같은 존재였다. 어디에나 김광석이 있었다. 술집을 가도 학사주점 필이 나는 곳에서는 〈다시 부르기〉를 계속 걸어놨다. 음악을 전문적으로 트는 술집이 아니더라도, 김광석이 나오고 있으면 왠지 있어 보였다. 학교 방송에서도 그의 노래를 일주일에 한두번씩은 꼭 틀었다. 학생운동의 길을 걷는 선배들은 가요를 무시했다. 적어도 그

점에 있어서는 록이 아니면 음악도 아니다, 라 믿던 나와 완벽히 의기투합했다. 그 사실만으로도 집회에 나갈 수 있을 정도였다. 다만 나는 그양반들이 듣고 부르는 민중가요를 끔찍하리만큼 저주했기 때문에 집회에 나가는 걸 죽기보다 싫어했지만. 여하튼 그 선배들도 김광석만큼은 좋아했다. 민중가요를 싫어하는 사람들은 많았다. 학생운동에도 당연히 관심이 없었다. 그들도 김광석은 좋아했다. 노래방 문화는 아직 초창기였다. 학생회실에는 기타가 굴러다녔고, 공강인 누군가가 늘 그 기타를 쳤으며, 삼삼오오 모인 친구들이 노래를 하곤 했다. 누구나 대충은 칠 수 있었고 누구나 가사를 몰라도 따라 부르는 노래들은 김광석의 노래였다. 그는 청년문화와 대중문화의 가교였다. 김광석이 죽은 해에 연대사태가 일어나며 학생운동은 막장으로 향했고 상업주의가 대학가를 점령했다. 많든 적든 대학생들이 시민의식 같은 걸 갖고 있던 마지막 시절에 김광석이 있었다. 적어도 나는 그렇게 기억하고 있다.

김광석에 아무리 관심없는 사람이라도 반드시 그의 노래를 한번 쯤은 들어야 했다. 그리고 깊이 공감해야 했다. 꼭 눈물이 따라 붙었다. 군대갈 때다. 원래 〈겨레의 노래〉라는 컴필레이션에 전인권의 목소리로 담겨있는 곡이었지만 전인권 버전을 아는 사람은 많지 않았다. 김광석이 〈다시 부르기〉에서 이 노래를 불렀을

때, '이등병의 편지'는 김민우의 '입영열차 안에서'를 제치고 군대 가는 친구를 위한 송가의 자리에 올랐다. 나는 동기들 중 가장 군대를 늦게 갔다. 그래서 꽤 많은 친구들을 군대에 보냈다. 후배도 보냈다. 학생회실에서 촛불을 커놓고 술을 마시다가 누군가가 기타를 들었다. 이런 저런 노래들을 연주했다. 가사를 아는 사람들은 따라 불렀다. 그러다가 마지막 노래를 연주하곤 했다. '이등병의 편지'였다. 학생회실은 눈물바다가 되곤 했다. 물론 1학년, 2학년 초반 때 얘기다. 애들이 하나둘씩 군대에 갈수록, 자극의 역치도 높아졌다. 입대라는 이벤트가 청춘의 비극에서 때되면 당연히 가야한다는 걸 깨달은 여자 동기들은 입대기념 술자리에 서서히 안 나타나기 시작했다. 휴학계를 제출하러 학교에 오면 잘 갔다오라는 말 한마디 하기 일쑤였다.

그렇다고 다른 남자들은 여전히 강고한 눈물의 바다를 흘려보냈느냐. 그렇지 않다. 남자나 여자나 똑같이 자극의 역치는 높아갔다. 예비역들이 하나둘씩 돌아왔다. 총량보존의 법칙에 의해 그만큼의 남자들이 군대로 끌려갔다. 남은 현역들이 줄어들수록 슬픔의 총량도 격감했다. 고작해야 철모르는 신입생 여자애들이나 친했던 오빠의 입대에 눈물을 보여줬을 뿐. 그렇게 하나둘씩 끌려가다보니 어느덧 내 차례가 됐다. 3학년이 끝날 무렵이었다. 정신을 차려보니 촛불 밝힌 학생회실에서 소주를 박스채 쌓아놓고 함께 술을 마시다가 이등병의 편지를 합창할 친구들이 모두 가고 없었던 것이다. 동아리 후배들과도 술을 마셨다. 노래방에 가서 마지막에 '이등병의 편지'를 불렀다. 정작 나는 멀쩡한데, 공대 다니는 후배가 혼자 펑펑 울고 난리를 쳤다. 그러다가 오바이트까지 했다. 아니나 다를까 다음날에 전혀 기억을 하지 못했다. "에이 설마, 제가 그런 것 가지고 울었으려고요." 늦게 군대가는 게 손해라는 걸 새삼 깨달았다. 행복은 역시 선착순이다. 누구나 가는 군대에 성대한 석별의 정을 받는 게 행복이라면. 아니, 역시 군대는 무조건 안가는 게 최고의 행복이겠지만. 반면 싸이처럼 군대 두번 가는 건, 음 아마도 인류의 역사에 학살자로 이름을 남긴 위인들을 줄줄이 조상으로 뒀을 때야 가능한 운명의 재앙 중 재앙이 아닐까. 어쩌면 싸이는 전생에 운 좋게 전범 색출에서 빠져나간 아우슈비츠의 고위 간부였을지도 몰라. 음음, 헛소리는 여기까지.

암튼, 부모님을 제외하면 아쉬워하는 사람도 없이 그렇게 훈련소로 들어갔다. 간 건 좋은데, 세상에 이건 완전히 수용소였다. 신문도 못읽고 음악도 못들었다. 음악, 음악을 못 듣다니. 펄 잼, 오아시스가 아니라도 좋아. 쿨이건 뱅크건 다 괜찮으니 나에게 음악을 들려줘, 들려달란 말이야, 라고 울부짖을 틈도 없이 연병장을 구르고 초코파이 하나에 목숨을 거는 시간이 계속됐다. 음악은 커녕 밥이라도 맘 편히 먹고, 똥이라도 느긋하게 쌀 수 있다면 좋겠다는 생각뿐이었다. 인간이란 그토록 짧은 시간에 그토록 간단히 야만인이 될 수 있는 존재였던 것이다. 아리스토텔레스 시학따위, 엿이나 먹으라지. 본능의 노예가 되어 훈련소 생활 6주가 빨리 지나가기만을 기다리던 어느 주말이었다(물론, 그 때는 훈련소가 끝나면 더 독한 지옥이 기다리고 있다는 걸 몰랐다). 주말 오후였으니 훈련은 없었고, 그렇다고 훈련병을 놀릴 생각은 더 없던 훈련소에서는 훈련병들로 하여금 연병장 청소를 하게 했다. 그래봤자 어쩌다가 떨어져있는 자갈이나 줍는 게 고작이었다. 요는 끊임없이 일을 시키는 게 중요한 것이다. 50분간 사역, 10분간 휴식. 훈련병들은 연병장 구석에 모여 담배를 피웠다. 저쪽에선 어느 장교가 세차를 하고 있었다. 세차를 하던 장교는 차 문을 열고 몸을 안쪽으로 숙였다. 조금 후 장교의 아반테 승용차에서 노래가 흘러나왔다. 김광석의 '사랑했지만'이었다. 군가를 제외하면 정확히 5주만에 듣는 음악이었다. '어제는 하루종일 비가 내렸어…' 김광석의 목소리가 공기처럼 스며있었던, 입대 전의 기억들이 줄줄이 떠올랐다. 군용 솔담배가 바짝바짝 타들어 갔다. 목이 말라오는 건 담배 연기 때문만은 아닌 것 같았다.
'스아랑했지므안~.' 김광석이 내질렀다. 그와 동시에 조교도 휘슬을 불었다. "휴식 끝!" 우리는 담배꽁초를 주머니에 넣고 다시 연병장에서 자갈을 줍기 시작했다. 100여 명이 일제히 내뿜었던 담배연기가 아직 메케했다. 〈쇼생크 탈출〉에서 바그너를 틀어놓고 짓던 팀 로빈스의 표정을 이해할 수 있을 것 같았다.

일주일 뒤, 나는 훈련소를 나가 자대에 배치받았다. 잔뜩 긴장해서 각을 잡고 앉아있는 이등병의 옆에는 스포츠 신문이 한부 놓여있었다. '김광석 자살'이라는 헤드라인이 1면을 장식하고 있었다. 실제로 들었던 김광석의 목소리는 어땠더라, 갈구고 놀리는 고참들 앞에서는 아무것도 생각나지 않았다.

스테이지 다이빙의 로망 4

씁쓸한 연애담

80년대 후반, 90년대 초반 선배들이 제대한 후 가장 힘들어 했던 건 음악의 대변화였다. 군대가기 전까지만해도 헤비메탈 천하였으며 음악의 정수는 70년대 하드록과 아트록이라 믿어의심치 않았던 그들이었다. 아니, 한국의 음악 애호가 문화란 게 무릇 그랬다. 해외잡지에서 중고 음반숍 주소를 알아내어 몇번의 편지 교환과 입금절차를 거쳐 70년대 영국 포크 음반을 구할 때의 기쁨, 몇주일간 뼈빠지게 아르바이트를 해서 레드 제플린의 원판을 구할 때의 희열. 그게 사는 재미의 전부였던 그들이 군대를 갔다온 후 만난 세상은 너바나와 펄 잼, 앨리스 인 체인스가 지배하는 그런지 세상이었다. 게다가 옛날에는 그냥 팝 그룹이라 생각했던 U2가 거장이 되어 있고 들도 보도 못한 80년대의 언더그라운드 밴드들이 새로운 영웅으로 등극하는 세상이 된 것이다. S선배도 그 중 한 사람이었다.

S선배로 말하자면 헤비메탈 조차도 음악으로 치지 않고 오직 70년대에 올인, 당시의 우리들로서는 경이로운 숫자인 1000장 대의 원판을 소장하고 있는 컬렉터였다. 그 중 이기 팝이라던가 섹스 피스톨스라던가 클래시 같은 밴드가 들어있었으면 그나마 쉽게 적응을 했으련만 선배가 갖고 있는 대부분의 앨범은 듣도 보도 못한 아트록이었다. 아아, 다른 많은 선배들이 그랬듯 S선배도 옛날 음악만을 들으며 시대의 저편으로 사라질 것인가. 그러나 S선배는 남다른 구석이 있었다. 어느 날 갑자기 소닉 유스의 〈Goo〉를 들고 오더니 "나, 요즘 여기에 꽂혔다"라 선언하는 것이다. 그때가 1993년, 아직 소닉 유스가 우리 나라에서는 그리 지명도가 높을 때가 아니었다.

아트록 앨범을 모을 때와 마찬가지로 선배는 그후 미친듯이 90년대 음악을 섭렵하기 시작했다. 급기야는 커트 코베인이 죽던 날, 술에 취한 S선배는 "내가 군대있을 때 커트 코베인이야말로 암울한 청춘의 기둥이었어"라며 꺼이꺼이 울었다. 우리는 모두 S선배가 제대하자마자 "너바나 따위도 음악이라고 듣냐!"라고 화를 버럭낸 걸 기억하고 있었지만 그말을 했다가는 당장이라도 테이블을 엎을 기세였기 때문에 "선배, 다 이해해요. 우리도 슬프다고요"라며 눈물의 대열에 동참해야 했다.

어쨌든 그렇게 90년대 키드로 거듭난 S선배는 4학년 때 구직전쟁에서도 90년대 음악에 강하다는 이유로 음반사에 취직할 수 있었다. 채 1년도 지나지 않아 대머리 부장의 이마에 사표를 붙인 후 관두긴 했지만. "그 부장이랑 원래 사이가 안좋긴 했지만 가장 참을 수 없었던 건 그 새*가 음악은 무조건 70년대라고 바락 우겨댔던 거야." S선배의 그 분노어린 표정에 "그모습은 선배의 몇 년전 모습과 경이로울 만큼 똑같군요"라는 말은 속으로만 해야했다. 회사를 관둔 S선배는 평생의 야심찬 계획이었다며 세계 여행을 떠났다. 테마가 있는 여행이었다. 지미 헨드릭스부터 커트 코베인까지, 요절한 록스타의 묘지를 찾아 미국과 유럽을 순례하겠다는 것. 하지만 S선배의 사전에 저축이라는 단어는 없었다. "경비는 어떻게…" "아, 옛날에 샀던 아트록 앨범 땡처리해서 마련했어. 이베이가 좋더라고." "…" 이베이는 커녕 아직 인터넷도 생소했던 시대에 S선배는 이미 21세기를 살아가고 있었다.

그리하여 선배는 떠났다. 짐 모리슨과 에디트 피아프가 묻혀있는 파리의 페르 라셰즈, 멤피스의 엘비스 묘지, 존 레넌을 위해 설치된 센트럴 파크의 헌화판 등등을 거쳐 S선배가 다다른 곳은 시애틀이었다. 우선 지미 헨드릭스의 묘지를 거쳐 워시카 강으로 향했다. 커트 코베인의 재가 뿌려졌다는 그곳이었다.

황혼이 지는 평화로운 초여름의 저녁, 워시카 강둑에 앉아서 아

런하게 〈MTV Inplugged In New York〉을 듣던 S선배의 눈에 한 여인이 들어왔다. 동양 여자였다. 객지의 외로움을 달래기 위함인지, 작업의 의지가 불타올랐는지는 알 수 없으나 선배는 그녀에게 말을 걸었다. "Where are you from?" "Korea." 그 여자도 커트 코베인의 열혈 팬이었던 탓에 여기까지 오게 됐다고 했다. 무슨 말이 더 필요하랴. 이 기가막힌 인연에 말이다. 그래서 둘은 열애 모드에 빠지게 됐고 록스타 추모고 뭐고 연인들이 다니는 관광지만 다니다가 사이좋게 귀국, 급기야 결혼까지 하게 됐다. "만약 내가 70년대 음악만 들었다면 인생이 어찌 됐을까?" 궁금해하는 S선배에게 요즘은 무슨 음악 듣냐고 물었다. "음악은 무슨…. 애 키우느라 바빠서 요즘은 와인과 골프로 취미를 바꿨어." 그러면서 버디가 어쩌고 라운딩이 어쩌고 하는 S선배에게 쪼르르 조카가 달려왔다. "아빠아빠 동방신기 노래 불러줘~." "오옹 그래, 우리 이쁜 딸, 무슨 노래 불러줄까?" "웅 더 웨이 유 아." 말이 떨어지기 무섭게 딸과 함께 동방신기의 노래를 신나게 부르는 S선배의 모습을 보고 벽에 꽂혀있는 저 많은 CD들은 이제 졸부의 브리태니커 백과사전과 같은 신세가 아닐까 하는 생각이 들었다. 어쩌면 음반수집이란 것 자체가 이제는 팔자좋은 호사가들의 취미생활이 된 것 같아 선배의 기가막힌 연애담을 듣고 나서도 씁쓸하기 그지 없었던 것이다.

분노의 역류

2006년 5월, 펜타포트 록 페스티벌 기자회견에 갔다. 보통 기자회견이란 뻔한 절차와 뻔한 질문과 답변을 거쳐 끝나기 마련이다. 말하자면, 애국조회와 같다. 따라서 이런 의례적 기자회견에서 눈물을 구경하는 건 흔한 일이 아니다. 사고친 연예인이 의례적으로 반성의 뜻을 표하는 회견을 할 때나 볼 수 있다.

그런데 이날 주최사의 대표께서 눈물을 흘렸다. 감히 록의 신에게 저주받은 대한민국에 거대 록 페스티벌을 연다는 참회의 눈물? 물론 그럴 리 없다. 그렇다면 신에게 칼을 꽂는 절대자만이 느낄 수 있는 기쁨의 눈물? 역시 그렇지 않다. 이분의 안구에 습기가 차고, 말문이 막혔던 까닭은 99년 여름을 회상했기 때문이다. 20년동안 한번도 큰 비가 내린 적 없다는 통계에도 불구하고 미친듯이 쏟아지던 장대비와 태풍으로 인해 하루만에 취소된 트라이포트 록 페스티벌을 바로 그분의 회사에서 개최했던 것이다. 그때를 생각하면 가슴이 메어오는 게 당연하리라. 하지만 어디 그분 뿐이랴. 나도 그렇다.

99년 7월, 트라이포트를 앞두고 아직 대학생이었으며 그때나 지금이나 돈 모으는 습관이 없다는 점에서는 마찬가지였던 나의 눈이 벌개졌다. 개구멍, 아니 고상하게 무료입장할 수 있는 방법을 찾기 위해서였다. 입장권은 10만원, 그런 거액이 있을 리가 없으니 눈은 벌개지다 못해 튀어나오기 직전이었다. 사실 큰 노력을 한 것도 아닌데 괜시리 혈안만 돼서 홀로 애태웠던 것이다. 하늘은 스스로 돕는 자를 돕는다는데, 가끔은 스스로 안 도와도 도울 때가 있나보다. 당시 홍대 앞에서 클럽을 운영하던 L씨가 트라이포트에서 MTV 파티존을 운영한다는 소식을 듣게 된 것이다. 돈도 없고 빽도 없으니 얼굴이라도 두꺼워져야 했다. 무턱대고 친한 척을 하며 애걸복걸한 끝에 아르바이트를 빙자해서 입장시켜주겠다는 약속을 받아냈다. 빙고.

송도로 향하는 내내 하늘은 어두컴컴했다. 도착하니 아니나 다를까 빗방울이 한두방울 떨어졌다. 그 빗방울이 빗줄기로 변하는 건 BMW의 가속 속도보다 훨씬 빨랐다. 폭우가 쏟아지기 시작했다. 공연은 중단됐다가 다시 시작되길 반복했다. 옷은 홀딱 젖고 땅은 진창으로 변했다. 그러나 여기서 풀이 죽었다가는 여

기 들어오기 위해 눈이 벌개졌던 보람이 없다. 우드스탁 페스티벌에서 비가 내리자 무대밑으로 내려와 관객들과 하나가 됐다는 조 카커의 기백을 떠올리며 드림 시어터와 딥 퍼플의 공연을 비에 쫄딱 젖어가며 봤다.

페스티벌의 밤은 공연이 끝났다고 찾아오지 않는다. 파티존으로 옮겨 이름만 대면 누구나 알 수 있는 90년대의 히트곡과 함께 미친듯이 놀았다. 다음날 만날 수 있는 레이지 어겐스트 머신, 프로디지의 노래들이 하루 뒤의 예고편처럼 쿵쿵거렸다. 이것이 페스티벌의 묘미구나, 라는 감격을 느낄 겨를도 없이 발이 땅속으로 푹 꺼졌다. 포장이 제대로 되지 않은 땅이 늪으로 변한 것이다. 발을 뺐지만 이미 때는 늦었다. 신발이 없었다. 손을 넣어 뒤져봐도 허사였다. 이판사판이다. 맨발의 청춘이다. 가자, 와다다 다다다다다 했지만 집에 맨발로 돌아갈 생각을 하니 벌써부터 눈물이 찔끔, 나는 것 같았다.

마음을 달래고 몸을 쉬게 하려 일행과 함께 텐트촌으로 향했다. 젖은 옷을 말리지도 못하고 흙투성이가 된 몸을 씻지도 못하고 잠들다니, 이것이야말로 히피로군. 그 와중에도 장대비가 계속 쏟아졌다. 마이크 포트노이의 드럼 소리만큼이나 우렁찬 빗소리를 자장가 삼아 누웠다. "내일이면 어쨌든 레이지 어게인스트 머신과 프로디지라고." "그형들도 우리 행색을 보면 기특해서라도 앙코르 두곡 정도 더해주지 않을까." "노개런티로 서울에서 공연 한번 더하고 갈 수도 있겠지." "암, 그래야지. 모름지기 록 스피릿이 있다면 그래야하고 말고." "그런데 나 아까 지갑 잃어버렸는데 내일 집엔 어떻게 가지?" "록 스피릿으로. 저 빗소리만큼 우렁찬 록 스피릿으로." 젖은 몸에서 김을 모락모락 뿜으며 내일을 다짐한 후 우리는 잠들었다.

새벽이었을까. 멈추지 않는 빗소리에 록 스피릿이고 뭐고 잠좀 자자, 하며 깨는데 이상한 냄새가 났다. 그냥 이상한 냄새도 아니고 대단한 냄새였다. 농활가서 맡았던 바로 그 냄새가 아주 생생하게 장대비를 뚫고 다가오고 있었다. 설마 싶어서 텐트 근처를 살펴보니 세상에, 이동식 화장실에서 뭔가가 흘러나오고 있었다. 아이쿠, 분뇨의 역류였다. 친구를 깨운 후 사방팔방에 소리쳤다. "똥, 똥이 넘쳐요!" 노곤히 자던 사람들이 난리가 났다. 대변도, 분뇨도, 인분도 아닌 똥이라는 단어가 본능적으로 그들의 기상 회로를 자극했을 것이다. 서서히 역류하는 분뇨에 잠식당하는 텐트촌을 보며 일제히 피신했다. 남은 일정이 모두 취소됐다는 소식을 들은 건 그로부터 몇시간 지나지 않아서였다.

주위에 돈을 변통해서 서울로 가는 버스에 몸을 던졌을 때, 긴급 재난방송을 듣던 승객들은 진정한 재난의 현장을 목격했다. 나는 맨발이었고, 친구의 등에는 농촌의 향기가 나는 텐트가 얹혀 있었던 것이다. "왜 하고 많은 텐트 중 해체하는데 시간 한참 걸리는 걸 샀을까." 친구의 탄식을 들으며 나는 생각했다. 돈도, 자격도 없이 이런 국제 록 페스티벌에 공짜로 들어온 파렴치에 대한 하늘의 응징이구나.

차가 급정거를 했을 때 누군가가 버리고 간 박카스 병을 밟았다. 맨발에 박힌 병조각을 빼내며 눈물을 철철 흘렸다. 응징의 완결이었을까. "차표없이 가는 인생이 안된 것만으로도 다행으로 생각해라." 친구의 위로따위, 들리지도 않았다. 1999년 7월의 송도, 트라이포트 출연진의 록 스피릿을 모두 합친다 해도 극복할 수 없던 시련이 있었다.

펑크로 가는 길(1)

주말의 홍대 앞 거리에서 펑크 소년소녀들을 보기란 더이상 어렵지 않다. 그들의 펑크 스타일은 갈수록 살벌해져서 20센티는 족히 넘을 머리가 하늘로 솟아있고, 색깔은 형형색색이며, 때로는 울트라맨이 울고 갈 닭머리도 쉽게 찾아볼 수 있다. 옷은 또 어떤가. 가죽자켓인지 갑옷인지 알 수 없는 징의 향연에 치렁치렁 매달린 쇠사슬을 비롯한 온갖 악세서리. 1977년 런던 캠든타운에 데려다놓은들 그 누구에게도 꿀리지 않을 펑크 패션의 교과서다. 그들의 옷차림이, 정확히 말하자면 10년 전 펑크 프론티어들과 과연 같을까. 물론 그렇지 않다. 지금의 펑크 패션은 10년 동안 축적된 한국 펑크의 발전사 혹은 변천사다. 1990년대 중반이니 인터넷도 없던 시절이다. 펑크족의 사진은 외국 잡지를 뒤져 구할 수 있으되, 이런 모습이 되려면 어떻게 해야하는지 누구도 알려주지 않았다. 알려야 알 수도 없었다. 파는 곳도 없었다. 따라서 그 모든 것들을 스스로 해내야 했다.

DIY에 경도된 건 그들 뿐만이 아니었다. 펑크들과 함께한 시절을 구가하던 나 또한 그랬다. 태어나서 내손으로 옷 한벌 산 적 없는 인간이 펑크를 따라하겠노라 마음먹은 것이다. 마음을 먹고 돈을 모았다면 가죽자켓을 사서 며칠동안 징을 박아대고, 스프레이로 낙서를 하고, 일본가는 사람에게 부탁해서 반디지 판츠를 사고, 이태원을 뒤져 클리퍼를 신을 수 있었을 것이다. 그러나 제대한지 1년도 안되는 복학생 주제에 돈이 있을 리가 없었다. 있어도 술사먹기 바빴다. 무엇보다 몸에 딱 달라붙는 펑크 특유의 스타일을 소화할 자신이 없었다. 아무리 패션에는 전혀 일가견이 없었다지만, 내몸에 딱 달라붙는 옷을 입는다는 건 비극 그 자체라는 정도는 알고 있었던 것이다. 따라서 옷은 어설프게 입되, 허리에 체인 정도는 둘러주려 했다. 당시에는 체인을 파는 곳도 별로 없었거니와, 이태원까지 가기는 귀찮았다.

고민만 하던 어느날이었다. 집에 아무도 없는 틈을 타, 체인 대용으로 할 만한 게 없을까 둘러보고 있었다. 그때였다. 안방의 옷걸이에 무엇인가 반짝거리는 끈이 걸려 있었다. 엄마의 장식 벨트였다. 그것도 스테인레스가 아니라 자못 은 같아보이는 재질이었다. 왜 난 그걸 럭셔리하다고 생각했을까. 왜 난 그걸 두르

면 멋있을 거라고 생각했을까. 여하튼 그때는 그랬다. 앞뒤 안가리고 허리에 달기만 하면 나도 드럭의 펑크 친구들과 동급이 될 거라는 생각뿐이었다. 잽싸게 엄마의 벨트를 허리에 길게 늘어뜨렸다. 그리고 집을 나섰다. 체인을 매다는 것만으로도 불량아 취급을 받던 시절이었다. 거리의 시선이 쏠렸다. 흔들흔들 찰랑찰랑, 아 불량아가 된다는 건 이런 쾌감이 있구나 생각하면서 드럭으로 향했다.

아이들은 감탄했다. 어떻게 그런 긴 체인을 매달고 다니느냐, 라고 사실은 비웃었다. 그도 그럴 만했다. 보통 체인이란 허리에서 시작해서 무릎 위에서 좀 올라가야 멋있는 법이다. 그러나 엄마의 벨트는 무척이나 길었다. 어쨌든 허리를 두르고 조금 남아야 하는 길이였기 때문이다. 따라서 나의 체인이 된 그 벨트는 무릎 아래에서 흔들흔들 찰랑찰랑거리고 있었던 것이다. 은 비슷한 제질의 광채를 번뜩이면서. 쪽팔린 건 며칠이면 된다. 담대하게 그 시간을 대처하면 그것은 곧 나의 캐릭터가 된다, 라는 생각으로 며칠을 버텼다. 더이상 이를 가지고 놀리는 사람은 없어졌다. 이제 남은 건 일반인들의 곱지 않은 시선. 그 속에서 나는 불량아가 된 쾌감을 누리며 홍대 앞을 활보했다. 나의 자랑스러운 긴 체인을 태양아래 나부끼며. 표정마저 슬쩍 불량해지는 것 같아 또한 좋았다.

바야흐로 펑크키드로의 첫 발을 내딛은지 얼마 지나지 않아서였다. 나는 불량한 표정으로 기나긴 체인을 휘날리며 버스를 기다리고 있었다. 말보로 레드를 꼬나물고 젤로 세운 머리를 꼬아가며, 한명의 어엿한 펑크 키드처럼 정류장에 서 있었다. 361번 버스가 왔다. 이 버스를 타고 남대문 시장을 뒤져 군용 패치를 하나 살 요량이었다. 그래서 칙칙한 후드티에 보란듯이 박아넣을 생각이었다. 이로써 펑크키드로 가는 또 한걸음을 내딛게 되는 것이다. 평범한 세계여 안녕. 버스가 멈췄다. 뒷주머니에서 지갑을 꺼내고 버스에 올라섰다. 버스의 문에는 계단 두개가 있다. 왼발을 딛어 첫 계단을 올랐다. 그리고 오른발을 딛었다. 체인이 매달려 있는 바로 그 발이었다. 그리고 버스에 올라섰다.

여느 때였다면 아주 평범한 순간이었다. 그러나 나의 자랑스러운 체인이 그 순간을 비범하게 만들었다. 긴 체인이 무릎에 걸린 것이다. 말하자면 양손으로 무릎을 감싸고 선 형국이었다. 순간 당황했지만 불량의 표정을 지키려 애서 태연한 척 했다. 이정도쯤 손으로 빼면 되는 것이다. 그 광경을 본 몇몇 승객은 이미 킥킥 거리고 있었지만 그정도쯤, 과감히 무시해야 펑크가 될 수 있는 것이다. 아무렇지도 않게 손으로 다리에 낀 체인을 걷어내던 중, 체인이 옷에 끼고야 말았다.

한쪽발을 들고 낑낑 거리던 그때, 버스가 출발했다. 당연하게도

균형이 흐트러졌다. 닭싸움을 해도 30초를 못버티는 나의 균형
감각 부재가 빛을 발했다. 쫘당, 나는 한적한 오후의 버스 안에서
나자빠졌다. 그 모습을 본 사람들은 걱정과 실소를 동시에 터뜨
렸고, 기사 아저씨는 힐끗 뒤를 돌아본 후 마치 아무일도 없었던
것처럼 벌떡 일어나는 나의 기개에 응답하듯 호기롭게 교차로를
통과했다. 그리고 벌떡 일어나던 바로 그때, 강한 힘을 받은 은빛
의 체인은 투두둑 끊어지며 사방으로 흩어졌다. 동전이 흩어졌
으면 줍기라도 하련만, 막 그런 꼴을 당하고도 달리는 버스에 웅
크려 앉아 체인 조각 따위 줍고 있어서야 진정한 불량이라 할 수
없는 법. 나는 차가 다음 정거장에 서자마자 뚜벅뚜벅 내려 버렸
다. 역시 불량한 표정을 최대한 유지하며. 내린 버스 정류장에는
거울이 하나 있었다. 안면 근육은 뻔뻔하기 이를데 없었다. 다만
시뻘개졌을 뿐이다.

그날 밤, 엄마는 난데없이 벨트의 행방을 물었고 하필 호주머니
에서 튀어나온 사슬조각이 모든 정황을 웅변해줬다. 나는 아주
모질게 혼나야 했다. 펑크가 된다는 건 이리도 험난한 길이구나,
생각할 겨를 따위도 없이.

펑크로 가는 길(2)

그것은 충동이었다. 맹렬한 충동이었다. 태어나서 그렇게 미용실로 향하는 발걸음에 결기가 서렸던 적은 없었다. 군대라도 다시 가는 거였을까. 그래서 머리를 다시 깎으러 가는 거였을까. 설마. 나는 이제 예비군 1년차. 만약 국가가 다시 불렀다가는 당장에라도 국방부에 자살폭탄테러를 할 기세였는데 말이지.

펑크 바닥에 입문한지도 어언 1년쯤이었을까. 할 수 있는 모든 머리는 몽땅 해봤다. 20센티에 육박하는 앞머리를 한줌 한줌 잡아 세워보기도 했다. 그러느라 스프레이 한통이 일주일만에 작살이 났다. 기숙사의 룸메이트들은 내가 머리를 하는 시간이 되면 잽싸게 달아났다. 냄새를 이겨낼 수 없어서다. 빨주노초파남보, 안해본 색깔이 없었다. DIY 정신을 오늘날 되살려 염색약을 사다가 직접했다. 원하는 색깔을 내기 위해서는 우선 완전히 탈색을 해야한다는 사실을 알았다. 그래서 염색하기 전날에는 탈색약을 머리에 처바르고 그대로 자버렸다. 일어나면 두통이 엄습했다. 염색의 아침, 기숙사 세면대는 마치 잭슨 폴락의 작품처럼 변해있었다. 벽이며 세면기며 모두 뻘겋고 퍼런물과 그 물이 튄 흔적 투성이였다. 드레드는 할 수 없었다. 그것은 펑크가 아니었으니까, 라기보다는 몇주일씩 머리를 감지 못한다는 얘기를 듣고 기겁했던 것이다. 나, 그래도 깨끗은 했다.

아직 밟지 않은 그곳에 모호크 스타일, 즉 닭머리가 있었다. 이미 머리를 가지고 오만 지랄은 다 했으면서 왜 닭머리는 하지 않았냐. 욕망이 그곳에 이르렀을 때, 이미 상습외박으로 기숙사에서 쫓겨나 집으로 들어가게 되었기 때문이다. 닭머리를 하고 집에 들어간다 → 사망. 간결하고 확실한 공식이 성립한다. 만약 우리 부모님이 하해와 같이 너그러운 품성과 급진적 의식을 가진 분이라 해도 당시 우리집이 있던 파주의 시골마을에서 그런 꼬락서니를 하고 돌아다녔다가는, 트랙터와 경운기를 몰고 집앞으로 달려온 주민들이 호미와 가래를 휘두르며 시위를 할 것이 분명했기에 모든 면에서 시도조차 불가능한 머리였다.

그런 내가 왜 닭머리를 하러 미용실로 보무도 당당히 걸어가느냐. 역시, 충동이었다. 어떻게든 되겠지, 라는 나의 인생철학은 어쩌면 그때부터 시작된 건지도 모른다. 의자에 앉았다. 전담 미

용사가 뒤에 섰다. "어떻게 해드릴까요?" "닭머리요." "예?" "가운데 머리만 남기고 다 밀어주세요." 잠시 침묵이 흘렀다. 그녀가 외쳤다. "여기 손님 닭머리 하신대!" 마침 손님은 나 하나밖에 없었다. 모든 미용사들이 일제히 달려왔다. "손님, 제가 해드리면 안될까요?" "손님, 제가 해드리면 안될까요?" "손님, 제가 해드리면 안될까요?"

그녀들은 진심으로, 자신들이 해보지 못했던 그 머리를 하고 싶어했다. 나의 얼굴은 이미 붉어져 있었다. 내 의사와는 상관없이 그들은 모두 함께 합심해서 작품을 만들자고 의기투합을 끝냈다. 그리하여 세명이 달라 붙었다. 침묵의 틈새를 뚫고, 그들의 파이팅이 느껴졌다. 안경을 쓰지 않으면 머리가 어떻게 변해가는지 알 수 없는 나였지만, 그날만큼은 뚜렷이 보였다. 살색은 두피고 검은 건 머리였다. 검은색은 점점 살색에게 침식되어갔다. 침식작용이 모두 끝났을 때, 그리고 다시 안경을 썼을 때, 세상이 아주 조금은 달라보였다. 그녀들의 웃음, 또는 비웃음을 뒤로한 채 미용실을 나섰다. 그리고 선글라스를 착용하고 학교로 향했다.

여름방학이었다. 학생회관 앞 벤치에는 수많은 학생들이 앉아 있었다. 100원짜리 자판기 커피를 홀짝거리며, 그들은 학우들과의 담소를 나누고 있었다. 그렇게 여름 방학의 망중한을 즐기고 있었다. 나도 학관 앞 벤치에 이르렀다. 피해갈 수 없는 루트였다. 정문에서 후문까지, 우리 학교의 길은 단 하나밖에 없었다. 눈앞에 길게 뻗어있는 벤치. 벤치를 가득 매운 학생. 그중 누군가의 시선이 나를 향했다. 한걸음 한걸음 나는 나아갔다. 누군가의 시선은 순식간에 다른 사람의 시선을 불렀다. 마치 도미노가 무너지듯이 시선과 시선이 이어지고 그 시선들은 적분되며 하나의 거대한 시선이 되어 나에게 꽂혔다. 시선은 밀물처럼 몰려왔고 침묵은 썰물처럼 퍼졌다. 나는 아무렇지도 않다는 듯한 표정으로, 계속 한걸음 한걸음 나아갈 뿐이었다. 그러나 얼굴이 붉어지는 것만은 어쩔 수 없었다. 이미 온갖 머리, 스파이크 헤어부터 빨주노초파남보까지 안해본 머리가 없는 나였지만, 그래서 남들의 시선을 받는 것따위 아무렇지도 않은 나였지만 그정도의 시선이 해일처럼 덮치면 아무렇지도 않을 수는 없는 것이다. 그래서 아무렇지도 않다는 듯, 정도의 연기를 할 수밖에 없었던 것이다. 그때였다. 저 멀리서 이쪽을 향해 걸어오던 후배가 나를 봤다. 그놈은 무의식중에 "어, 형!" 반갑게 나를 불렀다가 내 머리를 보고는 재빨리 시선을 돌리며 옆을 스쳐갔다. 저런 인간과 여기서 인사를 했다가는 나까지 싸이코 취급받을지도 몰라, 라는 강한 상념의 파동이 나에게까지 느껴질 정도였다. 마침 그의 손에 들려있는 카메라가 보였다. 그놈이 무슨 생각을 하던지 말던지, 이미 엎질러진 물이다. 그를 배려한다고 해서 저 시선들이 사라질리는 없다. 그래서 나는 옆을 지나가는 후배의 뒷덜미를 잡았다. 야, 잘만났다. 형 사진 한방 찍어라. 그리고는 털썩, 옆의 벤치에 앉았다. 그는 주저주저하다가 카메라를 들었다. 아마 복수가 두려웠겠지. 그리고는 계속 아무렇지도 않다는 듯한 표정을 짓고 선글라스 뒤에 수치심을 숨기고 있는 나의 사진을 찍었다. 벤치에 앉은 사람들 모두, 마치 스릴러 영화의 클라이막스를 지켜보는 듯한 표정으로 그 모든 과정을 지켜보고 있었다.

그렇게 밤이 되었다. 아마 10년치의 시선은 그날 하루에 다 받았던 것 같다. 그 가운데 어느덧 막차시간이 오고 있었다. 닭머리를 하고 집에 들어간다 → 사망. 이 공식이 생생해졌다. 식은 땀이 흘렀다. 배째라. 나는 외박을 할 수밖에 없었다. 고작해야 머리 때문에 죽기에는 청춘이 아깝지 아니한가. 다음날, 불대가리는 친절하게 젤을 써서 내 머리를 스테고사우르스의 등껍질처럼 만들어줬고 나는 미용실로 걸어가 그 머리를 몽땅 밀어버렸으며 그날밤, 아버지로부터 "왜 머리를 백구쳤냐"는 호통을 들어야 했다. 펑크는 아무나 하는 게 아니라는 절망감 비슷한 것에 한숨만 나왔다.

세기말 크리스마스

도대체 태양을 볼 수 없던 여름이었다. 미친듯한 폭우가 내렸다.
그때 나는 부천에 있었다. 어찌어찌하여 부천판타스틱영화제의
공연 기획을 맡았기 때문이다. 국가위기상황이 발령될 만큼 미
친듯이 폭우가 퍼붓는 상황에서 한가하게 풍악이나 울리고 있
자니, 마음 한 구석이 찜찜…할 겨를은 없었다. 하루짜리도 아
니고 총 6일간 7회의 공연이 이루어졌다. 무대에서는 팀은 모두
13팀이었고 음향, 조명 스탭들도 적지 않은 인원이었다. 비가 쏟
아지든 말든 공연은 계속 해야했고 기획과 진행을 맡고 있는 상
황에서 긴장을 풀 수야 없었다. 함께 하는 사람들이 모두 프로중
의 프로였기에 그들과 일주일을 보내면서 참으로 많은 걸 배울
수 있었다.
프로와 아마추어의 차이는 컸다. 프로는 돈 이전에 신뢰를 얻어

갔다. 자기에게 무엇이 필요한지를 정확히 요구했고 일단 상황 파악이 되면 기대 이상의 결과를 만들어냈다. 어떤 상황에서도 얼굴을 찌푸리지 않는 건 기본이었다. 만약 또 공연 기획을 하게 된다면 1순위로 그들을 섭외하고 함께 할 것임엔 당연하다.

한창 공연 기획을 하던 4년 전까지만 해도 그런 생각을 할 겨를이 없었다. 아무런 시스템도 없었기 때문이다. 모든 게 주먹구구였고 주구장창 임기응변이었다. 오직 20대의 열정 하나로 현장이라는 지옥을 뚫어야만 했다.

1999년의 크리스마스는 그 절정이었다. 일년의 피크이자 20세기 마지막 크리스마스 이브에 홍대앞 거리 한복판을 막아놓고 공연을 하게 된 것이다. 요즘이야 왠만한 대학축제는 인디밴드가 먹여 살리고, 이동통신사들이 별별 페스티벌을 빙자한 이벤트를 많이 하는 탓에 '국제'가 붙지 않는 록 페스티벌은 영양가도 없고 온도도 낮지만 그때는 그렇지 않았다. 특히 거리 공연은 더욱 그랬다. 게다가 홍대앞이고 크리스마스며 세기말이었던 것이다. 당시의 분위기를 따라 무대에는 10팀이 넘는 밴드들이 섰다. 낮 3시쯤부터 시작된 공연은 밤 12시가 다 돼서 끝났다. 성탄전야의 분위기를 타고 1만에 가까운 인파가 거리를 가득 메웠다. '어머니, 이번 크리스마스까지만 살고 싶어요'가 그 공연의 제목이었다.

다 죽어보자는 취지로 만들어낸 제목이었지만 정말이지, 그날 까지만 사는 줄 알았다. 리허설 때부터 그랬다. 모니터가 안좋으면 "기사님, 기타에 보컬 모니터좀 올려주세요." "네. 이정도면 됩니까?" 간단하다. 하지만 그렇지 못했다. "모니터가 잘 안들리거든요?" "기타 앰프 볼륨을 줄여봐요." "이게 제 소린데요. 아저씨." "뭐, 아저씨?" 분위기는, 정말이지 험악해지고 있었다. 중간에서 내가 할 수 있는 일은 아무것도 없었다. 어쨌거나 모두 아마추어였던 것이다.

막상 공연이 시작되면 괜찮겠지. 천만의 말씀, 일년 최대의 대목인 크리스마스에, 그것도 1000년에 한번 찾아오는 밀레니엄의 성탄 전야이니만큼 사람들이 쉴틈없이 움직이다가 아무 가게나 자리잡고 앉아 지갑을 여는 것이 당연했다. 그러나 무대 주변의 가게들은 텅 비어있었다. 그럴 수밖에. 이런 빅 이벤트가 거리 한복판에서 열리는데 뭐하러 크리스마스 특별 요금을 지불하고 가게에 앉아 있으랴. 따라서 가게 주인들은 미친듯이 구청에, 경찰서에 전화를 돌렸다. 민원이 발생하면 해결해야 하는 것이 공무원의 숙명. 경찰차가 출동했다. "민원이 끊이지 않아요. 공연 빨리 끝내주세요." "아 네, 정해진 대로 할께요." 1시간도 지나지 않아 또 다시 경찰차 등장. "대체 언제 끝낼거요!" "다 끝났거든요. 크리스마슨데 좀 참아주세요." "우리도 크리스마슨데 좀 참고싶지. 근데 전화가 빗발쳐요. 지금, 비상상황이에요." 비슷한 시간이 지난 후, 경찰차는 다시 오지 않았지만 책임자의 핸드폰이 울렸다. "여보세요?" "나 서울시경 책임잔데…. 공연 끝나고 연행될 각오좀 하쇼." 누군가의 얼굴이 흙빛으로 변하는 게 보였다.

그래도 크리스마스였다. 무대 뒤편의 지옥과 상관없이 밴드와 관객은 밀레니엄의 크리스마스를 즐겼다. 다만, 지나치게 즐겼다. 단체로 무대에 난입해서 무대가 꺼지고, 2미터 높이에서 스테이지 다이빙을 하다가 맨땅에 헤딩하고, 이미 잔뜩 취한 누군가와 그 이상으로 취한 누군가가 객석 한가운데서 싸우고…. 이러다가 사고라도 났다간 연행이 문제가 아니라 구속이 될 참이었다.

그러던 중이었다. 무대 구석에서 갑자기 고성이 오갔다. 고개를 돌리니 관객 중 누군가가 조명탑에 오르고 있었다. 그의 표정은 멀리서 보기에도 한강 다리위에 올라선 실직 가장만큼이나 비장했다. 뭔가 알 수 없는 소리를 질러대며 그는 계속 올라갔다. 어찌나 힘이 센지 밑에서 아무리 끌어내려도 소용이 없었다. 고목나무에 붙은 껌딱지처럼 그는 조명탑을 꽉 붙잡고 비장한 표정으로 알 수 없는 소리만 질러대고 있었다. 이미 흥분한 관중들은 말리기는커녕 함성과 함께 그를 응원하고 있었다. 그 풍경은 번지 점프로 성인식을 치루는 토인 사내와 절벽밑에서 소리를 지르며 용기를 북돋아주는 마을 장로들 같았다. 알타몬타의 비극도 이렇게 일어난 거였겠지, 하는 생각이 문득 들었다. 공연은 절정으로 치닫고 있었다.

그가 뛰어내렸는지는 기억이 나지 않는다. 다만 우리 중에 구속된 사람은 없었다는 것뿐. 그 고생을 해놓고 돈도 거의 못벌고 주변 사람들의 수고했다는 말로 위로했어야 했다는 것 뿐. 2박 3일을 거의 밤을 꼴딱 샜던 탓에 공연이 끝나자마자 기절, 눈 떠보니 다음날 저녁이었다. 20통이 넘는 부재중 전화표시, 여자친구에게 문자가 와있었다. '헤어지자.' 태어나서 처음으로 연인과 보낼 수 있었던 크리스마스는 꿈도 없이 잠든 사이, 날아가버렸다. 훨훨, 사라져버렸다.

모세가 홍해를 가르듯

스테이지 다이빙. 그것은 로망이었다. 그렇지 않은가. 관객이 할 수 있는 최대의 퍼포먼스, 그것이 스테이지 다이빙인 것이다. 미친듯 슬램을 하고 있는 객석을 뚫고 무대에 올라 번개처럼 객석으로 풍덩. 그리고는 바디서핑. 넘실넘실, 사람들의 머리 위를 타고 사뿐히 바닥으로 안착. 주변의 흐뭇한 시선을 한껏 받으며 다시 공연을 즐기는 익명의 청년이란 오직 헤드뱅만이 객석에서 할 수 있는 모든 퍼포먼스였던 시절, 마냥 선망의 대상이었다. 스테이지 다이빙이란 록의 선진국인 미국이나 영국에서만 가능하겠지, 탄식할 뿐이었다.

세월이 흐르고 또 흘렀다. 국민소득이 1만불이 넘어가고 차인표가 〈사랑을 그대 품안에〉에서 색소폰을 불며 재즈 열풍이 불더니 급기야는 '국민소득 1만불 시대의 음악은 재즈'라는 말과 함께 도처에 재즈바가 생겼다. 물론 대부분은 케니 지나 조지 윈스턴만 주야장천 트는 곳이었지만.

국민소득 1만불 시대는 재즈붐만 가져온 게 아니었다. 라이브 클럽이 등장했다. 인디의 탄생이었다. 물론, 인디 음악의 출현과 국민소득과는 아무런 상관이 없었지만. 꼭 그래야 한다는 법도 없었는데, 공연장의 풍경은 그전 헤비메탈 공연장과도 달랐다. 헤드뱅만이 전부가 아니었다. 슬램도 했고 모싱도 했으며 포고도 했다. 무엇보다 공연장에 사람이 그득한 날이면, 스테이지 다이빙 경연대회가 벌어지곤 했다. 스테이지 다이빙과 바디서핑은 더이상 선망의 대상이 아니라 현실이었던 것이다. 과연, 국민소득 1만불이란 이토록 위대했다. 5천불 시대에는 헤드뱅을, 1만불 시대에는 다이빙을. 그것이 선진국으로 가는 과정이었을까나.

그러나 아무나 다이빙을 할 수는 없었다. 우선, 용기가 필요했다. 어쨌든 잠시나마 무대에 올라야 뛰어내리든 날아오르든 할 거 아닌가. 무릇 남들 앞에 서면 미토콘드리아 심장이 되버리곤 하던 나로서는 여전히 동경의 대상이긴 마찬가지였다. 게다가 만유인력의 법칙을 생각해본다면 깃털처럼 가벼운 몸을 가져야 뛰어내렸을 때 충격도 최소화할 수 있을 터. 철근 콘크리트 같은 몸으로 뛰어내렸다가는 무슨 참사가 생길지 감히 짐작조차 할 수 없는 것이다. 무엇보다 남에게 폐를 끼쳐서는 안된다는 걸 인생의

신조처럼 여기고 살아온 바, 혹시나 불상사를 일으킬까봐 자제하고 또 자제했다. 다만 철근 콘크리트 같은 육체를 활용하여 깃털같은 소년소녀들의 밑에서 두 팔을 벌렸다. 지구를 떠받들고 있는 아틀라스처럼 굳건하게, 기꺼이 그들의 다이빙 성공에 견인차 역을 마다하지 않았다. 나도 저들처럼 날고 싶구나, 하는 강렬한 욕망을 마음 속에 묻어둔 채. 퍼덕거리는 이카루스를 바라보며 부러워하는 지중해의 어부와 같은 심정으로 지하의 클럽을 배회했던 것이다.

그렇게 어부처럼 살던 나, 드디어 기회가 왔다. 직접 기획한 공연이었다. 다니던 학교 운동장에 판을 벌이고 럭스, 위퍼, 허클베리핀, 노브레인을 불렀다. 록, 인디, 이런 말들이 새로운 문화의 상징처럼 되면서 민중가요 일색이던 학교 축제에 인디 밴드들이 서기 시작했던 때다. 굳이 원더걸스를 부르지 않아도 사람들은 알아서 모였다. PC통신 게시판을 이용해서 바람잡이도 열심히 모았다. 베이스드럼 페달만 밟아도 사람들은 놀았다. 모두가 목마르던 시절이니 그럴 만도 했지. 분위기는 달아오르고 달아오르고 또 달아올랐다. 계속 달아올랐다. 그런데 마음 한구석에서 불만이 폭발했다. 아니, 슬램도 하고 모싱도 하고 포고도 하고 할 거 다 하면서 왜 아무도 다이빙을 하지 않는 거야. 곧바로 보다 깊은 곳으로부터, 잊고 있던 욕망이 솟구쳐 올랐다. 그래, 내가 하

는 거야! 무대 뒤로 올라갔다. 무대의 앞뒤 길이는 6미터 정도. 흐
읍, 숨을 한번 크게 들이켰다. 100미터 달리기 스타트 라인에 선
기분이었다. 땅을 박차고 달렸다. 우다다다다, 무대 앞에 도달했
을 때 나는 몸을 날렸다. 허공에 두발이 떴다. 나는 믿어 의심치
않았다. 내가 지금껏 그랬듯, 이들이 나를 떠받들어 주리라.
그 순간, 나는 기적을 보았다. 홍해앞에 선 모세도 아닌데, 모세
가 홍해를 가르듯 인간의 바다가 양옆으로 갈라지는 것이다. 그
리고 눈앞에 펼쳐진 건 애굽을 떠난 유대인들이 홍해앞에서 목
격했을, 모래밭이었다. 저들은 나의 신뢰를 배반했구나. 그동안
내가 두팔을 벌려 쌓아왔던 공덕은 얼마나 부질없었던가. 앞으
로는 절대 다이빙하는 인간들을 받아주지 않으리라. 이런 생각
을 할 겨를도 없이 나는 모래밭에 처박혔다. 머리부터 처박혀, 충
격은 두배였다. 걱정반, 황당반의 시선이 느껴졌다. 어찌해야 하
나. 분노하여 일어서야 하나, 아니면 쓰러진 채 실려가야 하나.
그럴 수는 없었다. 어쨌든, 가오가 있는 것이다. 나는 활짝 웃으
면서 힘차게 일어섰다. 그리고는 웃음을 잃지 않은 채, 손을 흔들
며 다시 무대 뒤로 향했다. 이 모든 찰나의 과정을 지켜보고 있던
친구는 말했다. "너는 말이야. 정말 중요한 게 뭔지 모르고 있어.
다이빙은 그냥 한다고 되는 게 아니야. 일종의 불문율이 있지. 냉
혹한 세계야. 일단은 얼굴이 좀 알려진 사람이 뛰어내려야 밑에

서 받아준다. 아무나 뛰어내린다고 다 받아주는 게 아니지. 그리고 또 중요한 게 있어. 밑에서 뛰어내린다는 걸 인지하고 반응할 수 있는 시간을 줘야해. 그래서 다들 무대 위에 올라와서 좀 놀다가 손가락으로 객석을 가리킨 후 뛰어내리는, 그 복잡한 절차를 거치는 거야. 다 짜고치는 고스톱이지. 말하자면 프로레슬링 같은 세계랄까." 아, 나는 그걸 모르고 있었구나. 아직 얼굴도 안 알리고, 예고도 안하고 뛰어내렸다가 주화입마에 빠진 게로구나. 장작패고 물떠오고 불때기를 3년씩, 9년만에 비로소 도를 배우기 시작한 기분이었다. 외국 비디오 보면 개나 소나 난데없이 뛰어들던데, 무릇 모든 문화가 그렇듯, 스테이지 다이빙도 한국화의 과정을 거치고 있는 것인가. 맨땅에 헤딩하기란 이 바닥에 입문하기 위한 신고식 같은 것인가.

온몸을 던져 다이빙계의 룰과 관례를 터득한 후, 나는 비로소 어엿한 한명의 스테이지 다이버가 될 수 있었다. 무대에 올라 2초간 손을 번쩍 치켜든 후, 양손으로 객석을 가리키며 그제서야 몸을 날렸다. 객석은 신뢰로 보답했다. 한 10초쯤 바디서핑을 한 후 사뿐히 객석에 착지했을 때의 기분이란 지중해에 빠질지라도 잽싸게 잠수복으로 갈아입어 유유히 산토리니 항에 오르는 이카루스의 그것이었다. 하지만 제아무리 능숙한 다이버라도 나이는 먹는 법. 언젠가부터 다이빙계를 은퇴한 나는 또 시간이 흐른 30

대의 어느 날, 기타 울프의 광폭한 공연을 보았다. 그들이 뿜어내는 순도 120%의 에너지에 심취, 슬램도 하고 모싱도 하고 포고도 하며 모든 걸 실로 오랜만에 하다가 실로 오랜만에 다이빙 충동을 느낀 나머지, 무대에 올랐다. 무대에 올라 2초간 손을 번쩍 치켜든 후, 양손으로 객석을 가리키며 몸을 날렸다. 객석은 신뢰로 보답했다. 한 10초쯤 바디서핑을 한 후 착지하던 중 균형감각을 잃어버려 옆구리부터 떨어져 간을 다치고야 말았다. 가오고 뭐고, 고통에 몸부림치다가 괴로운 얼굴로 도망치듯 공연장을 떠났다. 머리부터 부딪히며 신고식을 치루고, 옆구리를 부딪히며 은퇴식을 치룬 나의 다이빙 인생은 그렇게 끝났다.

와세다 랑데뷰

와세다 대학앞의 편의점에서 아는 사람을 만나리라 생각하기는 쉽지 않다. 서울대도 홍대도 건대도 아닌 와세다 대학앞 편의점에서의 조우라니. 반가움 이전에 놀라움이, 놀라움 이전에 당혹스러움이 존재하는 만남이었다. 여행의 선물이라고 하기에는 준비되지 않은 돌발퀴즈였고 예상하지 못한 유성우였다. 교회에서 찬송가를 부르고 있는 마릴린 맨슨을 만난다 한들 그렇게 놀랍지는 않았으리라. K가 먼저 나를 알아봤다. "어 오빠!" "어엇 너는 K! 니가 여기서 어떻게…." "나 여기서 아르바이트 하잖아. 벌써 1년 됐어." 다른 손님이 있었다. K가 손님에게 건네는 능숙한 인사말. 아리가또로 끝나는 그말이 여기가 일본임을, 와세다 대학 앞임을 알려주고 있었다.

K를 처음 만난 곳은, 그리고 마지막, 아니 마지막에서 두번째로

만난 곳은 홍대앞이었다. 어느 술자리. 너저분한 클럽에 아무렇게나 방치된 쇼파와 의자를 빙 둘러놓고 열렸던 그 술자리에 K도 있었다. 라디오헤드의 'No Surprise'가 아직 진부한 노래가 아닐 때였다. 라디오헤드와 요 라 텡고, 프라이멀 스크림 등 1997년을 빛낸 밴드들의 음악을 틀어놓은 1998년의 우리들은 말하자면 루저였다. 물론 그저 루저의 삶을 동경하는 철부지였을지도 모른다. 그런것쯤 달랑 새우깡 한봉지 앞에 놓고 벌컥벌컥 캔맥주를 들이킨 후 비어버린 캔을 아무렇게나 구겨서 아무렇게나 던져버리면 그만이었다. 그 자리에 있던 남들과 마찬가지로 벌컥벌컥 캔맥주를 들이키며 비어버린 캔을 아무렇게나 구겨서 아무렇게나 던져버린 후 온갖 시시껍절한 농담들로 하루밤을 흘러보내던 K였다. 그러나 K는 그 자리의 루저들 혹은 루저를 동경하는 철부지 중에서도 유달리 에너지가 없어 보였다. 창백한 얼굴과 힘없는 표정은 지하의 클럽을 초라하게 밝히고 있는 필라멘트가 타버리기 직전의, 초조하게 깜박거리는 백열전구 같았다.

K에게 맥주를 들이키고 캔을 던져버릴 힘은 얼굴의 그 수많은 피어싱에서 나올것이라고 생각했다. 1mm부터 15mm까지 마치 피어싱의 전시장처럼 귀와 코, 눈썹과 입술을 뒤덮고 있는 금속들. 그 숫자를 헤아리느니 차라리 봉지안에 남아있는 새우깡의 갯수를 헤아리는 것이 빠를 것 같았다. K가 던지는 그 수많은 농담은

20여개의 공을 연달아 파울로 날려버리는 타자처럼 지루하고 답답했다. 어느 것 하나 웃기지 않았고 어느 것 하나 센스 빵점이었다. 급기야는 K가 던지는 농담이 꼭 펌프질 같았다. 듣는 사람의 기운까지 꿀럭꿀럭 빨아들이는 허무의 펌프질. "차라리 진지한 이야기를 해봐. 무엇이 20살의 니 얼굴에 그렇게 많은 구멍을 뚫게 했는지를." 그녀에게 말하고 싶지만 할 수 없었다. 그 자리에서 K를 처음 본 사람은 나혼자 뿐이었으니까. 모두 K가 어떻게 살아왔는지 알고 있었으니까.

K는 그다지 밝지 않은 성장사를 가지고 있었다. 뭐 그렇다고 하여 불우이웃의 반열에 오를만큼 빈곤하지도 않으며 가출을 출석하듯 할 만큼 반항으로 뒤덮인 성장사는 아니었다. 그저 아무렇지도 않은 표정으로 듣기에는 조금 불편한 정도의 그런 성장사를 가지고 있을 뿐이었다. 집이 싫어 따로 살고 있고 적어도 지금부터 미래를 고민할 기운도 필요성도 없다는 것. 그래서 내키는 대로 피어싱으로 얼굴을 덮고 하루하루를 비어버린 맥주캔에 담아 던져버리는 것. 딱 이정도가 그 성장사의 결과였다. 피어싱을 제외한다면 K가 자신을 증명하는 방식은 잡지를 만드는 거였다. 친구 몇명을 끌어모아 꼴리는대로 취재하고 꼴리는대로 쓰고 그려서 꼴리는대로 찍어내는 그런 잡지. 학교 문집이 될 수도 교회 주보가 될 수도 있는 잡지였지만 사람들은 그런 잡지를 대안지

라 불렀고 새 흐름이라 불렀다. 물론 K와 친구들이 대안을 고민했고 새 흐름을 개척하려는 의지를 갖고 있는 것은 절대로 아니었지만. 따지고보면 배가 고파 밥을 먹고싶은 욕망과 눈곱만큼도 다르지 않은 그런 욕망의 소산이었을 뿐이다.

그렇게 만들어진 K의 잡지는 결과적으로, 창간호이자 폐간호가 됐다. 2호를 준비하던 K는 당연히 그런 미래를 몰랐기에 신생 프로야구팀의 감독처럼 의욕적이었다. 나에게 전화를 하던 목소리도 그랬다. 첫만남 이후 여러 술자리를 거치며 자연스럽게 말을 섞게 된 우리들이었다. "오빠, 내일 시간있어?" "무슨 일인데 그래." "인터뷰좀 하자." "아니 내가 뭐라고 인터뷰야. 할 사람이 그렇게 없어?" 막무가내였다.

홍대 벤치에서 만난 K의 머리색은 짙은 핑크색이었다. 바비인형 같은 머릿결. 그나마도 끝은 먼지 부스러기처럼 부석부석했다. 또 싸구려 염색약으로 자기가 직접 했음이 분명했다. 그때 머리 염색을 하던 친구들은 모두 그렇게 했다. 대걸레 같은 머리에 쌀푸대 같은 옷을 뒤집어쓰고 나타난 K는 나에게 물었고 나는 답했다. 묻는 K의 말은 이전과 달랐다. 혀를 뚫었기 때문이다. 몇개나 되는지 알 수 없는 K의 피어싱은 그렇게 또 한개 늘었다. 혀를 뚫은 K를 만난 날은 인터뷰이자 처음으로 우리가 단 둘이 이야기를 나누는 시간이었다. 연거푸 들이킨 알콜이 혀를 비틀고 뇌를

침수시켰다. 귀에 어른거리는 게 마이 블러디 발렌타인의 'Soon'
인지 클래시의 'I Fought The Law'인지 K의 목소리인지조차 분
간이 되지않을만큼.

어슴프레해질 무렵 시작된 대화는 어두컴컴해져서야 끝났다. 지
하철도 끊겼다. K는 택시비가 없었고 나도 그랬다. 다만 나의 하
숙방은 걸어갈 수 있다는 게 K와 나의 차이점이었다. 한달에 20
만원 남짓한 돈으로 생활하던 K가 그날 술자리를 모두 책임졌으
니 나는 K의 잠자리를 책임져야했다. 나의 하숙방은 지저분하고
퀴퀴한 건 둘째치고 바로 옆방에 매서운 경상도 억양에 악다구
니 같은 인상의 주인 아줌마가 살고 있었다. 방과 방 사이의 벽은
얇았다. 늘 잠들기 전 마지막 기억하는 소리는 주인 아줌마의 전
화통화였다. 나쁜년 돈 언제 갚을거야. 니가 이년아, 사람을 뭘로
보는거야. 씨발년, 니가 그러고도 잘살 줄 아는지 두고보자.

악몽의 사운드트랙이었다. 그날밤도 어김없이 지랄맞은 야상곡
이 울려퍼졌고 우리는 살금살금 방으로 들어갔다. 그날따라 떼
인 돈이 컸는지 어쨌는지 20분이면 끝날 통화는 밤새도록 계속
될것 같았다. 전화선을 타고 상대방에게 달려갈 것 같은 기세였
다. 나쁜년, 씨발년은 차라리 칭찬 수준이었다. 우리의 목소리를
저 패악질에 얹을 수는 없었다. 얹어서도 안됐다.

귓속말로 살금살금 마치 연인의 밀담처럼 우리는 채 끝내지 않

은 얘기를 이었다. 속삭임에 술냄새가 섞여있었다. 나도 그랬을 것이다. 25살의 남자와 20살의 여자가 둘다 취했다. 둘은 한방에 누워 귓속말을 주고 받고 있는 것이다. 무슨 일이든 일어날 수 있는 상황이었다.

어색한 침묵이 몇번 이어지고 결국 그 침묵은 회복되지 않았다. 자연스러웠다. 동그란 피어싱이 박힌 그 아이의 혀에서 내 혀가 서핑을 하는 기분이었다. 알콜 향의 바람을 맞으며 침의 파도를 타다가 중간중간 텅스텐으로 된 암초에 부딪혀 좌초하는 서핑. 아마 그 바다에서 내가 가장 집착했던 것은 그 암초였던 것 같다. 그리고 마침표로 끝나는 다른 하루들과는 달리 그 날은 느낌표로 끝났다. 느낌표로 끝났다 하여 책이 끝나는 것도 새로운 장이 시작되는 것도 아니다. 그 뒤에는 다시 마침표로 끝나는 하루가 계속 이어졌을 뿐.

우리가 했던 인터뷰는 끝내 책에 실리지 못했다. 수많은 사람들이 오고가고 수많은 일들이 벌어지는 그곳에서 창간만 하고 사라지는 잡지는 사람들의 관심조차 받지 못했다. 잡지와 함께 사라진 K의 안부는 계란 한판에 섞인 노른자 두개짜리 계란처럼 어쩌다가 가끔 듣는 이야기거리였다. 마침표는 서서히 말줄임표로 변해갔다. K가 일본으로 떠났다는 소식도 노른자의 하나였다. 남아있는 사람들은 응, 그렇구나. 넘겨버렸을 뿐. 이미 떠난

다른 사람들과 마찬가지로. 새로운 사람들이 그곳을 메웠고 떠난 사람들은 그곳의 생활을 오징어다리처럼 곱씹으며 그곳을 그리워했다. 먹고살아야 하는 현실을 잊을 수 있는 유일무이한 망각의 약이었다.

와세다앞의 편의점에서 K를 다시 만난 것은 먹고사는 게 해결되어 돈을 모아 휴가를 받아 떠났던 첫 해외여행길이었다. K는 그곳에서 악착같이 아르바이트를 해서 랭귀지 스쿨을 마치고 와세다 대학에 입학, 장학생으로 다니고 있다고 했다. 편의점 아르바이트가 제일 인건비가 비싸서 꾸준히 하고 있다고 했다. 그런 말을 하는 K의 머리는 까만색이었고 귀와 코, 눈썹과 입술에는 아주 작은 구멍의 흔적만 남아있었다. "오빠, 우리 옛날에는 참 철 없었어. 그지?" K는 이제 매끄러워진 혀로 웃으며 말했다. 나도 웃었다.

이제 더이상 달랑 새우깡 한봉지 앞에 놓고 벌컥벌컥 캔맥주를 들이킨 후 비어버린 캔을 아무렇게나 구겨서 아무렇게나 던져버리면 그만이던 5년 전으로 돌아갈 수 없다는 선언문처럼 보였다. 아무도 잘못하지 않았고 죄지은 것도 없는데 괜히 눈물이 흘렀다.

아홉수

서른이 조금 넘은 나이라는 건 뒤를 돌아보기에는 너무 이를 수도 있지만 그렇다고 아예 돌아볼 게 없는 나이도 아니다. 초등학교부터 대학교, 그리고 사회에 나온 후의 이런 저런 모임들 등 '시절'이라는 단어로 묶을 수 있는 몇년씩의 해가 있다. 그 시절들 중 어떤 건 아예 기억에서 지워졌다. 곱씹을 때마다 웃음이 나는 시절도 있다. 후회로 뒤범벅된 날들이 있고 도저히 몸둘 바를 모를 날도 있다. 많은 걸 얻었던 때가 있는 반면 그에 못지않은 손실의 시간이 있었다. 뭐라 규정할 수 없는, 다양한 상념이 파레트의 물감처럼 존재하는 날 또한 있다. 스물아홉이 그런 해였다.

돌이켜보건데 아홉수가 분명했다. 돈이 없었고 직업이 없었으며 여인은 떠나갔다. 무엇보다 집이 없었다. 자존심만 남았다. 친구에게 술은 뜯을 수 있을지언정, 택시비를 빌릴 수는 없던 자존심. 홍대 놀이터의 벤치에서 첫차를 기다리기에는 밤이 추웠고 PC방에서 밤을 지새기에는 주머니가 가벼웠다. 담배값을 제외하면 탈탈 털어 200-300원, 컵라면 하나 살 수 없었다. 가난은 그렇게, 가장 가까이 있는 친구와 같았다. 근처에는 자취하는 다른 친구들이 있었다. 그러나 코골이가 심했던 탓에 뜬 눈으로 밤을 지샌 그 녀석들의 얼굴을 보기가 미안했다. 아니아니, 내가 미안해하기 전에 언젠가부터 그들은 새벽에 전화를 안받기 시작했다. 불켜진 방 아래서 전화할 때마저도. 가난과 문전박대의 나날이 딱히 괴롭거나 비참했다는 기억은 나지 않는다. 그건 그냥 생활이자 일상이었을 뿐이다. 월봉액 여섯자리나 일곱자리나 기쁨과 슬픔의 정도는 비슷한 법이다. 생활은 상대적인 차이만 있을 뿐, 누구에게나 존재하니까. 다만 귀가가 절대적인 고민이었던 사람이 있었다는 말이다.

방법은 하나였다. 그냥 걸었다. 걷고 걷고 또 걷다보면 언젠가는 집에 다다를 수 있으니까. 석관동 옥탑에 가면 누울 수 있는 방바닥이 있고 덮을 수 있는 이불이 있으니까. 그래서 걸어야했다. 홍대에서 신촌과 이대를 지나 광화문과 종로를 거쳐 청량리까지 지나치면 8차선은 4차선으로 좁아졌다. 고층 빌딩이 사라지는 그곳에 도착하면 끝이 보였다. 외대와 경희대만 지나면 됐다. 허름한 동네지만 그곳에 가야 잘 수 있었다. 역시, 지극히 단순한 문

제였다. 따라서 걷는 건 괴롭지 않았다. 다행히도 나는 걷는 걸 무척 좋아한다. 한시간이든 두시간이든 걸을 수 있었다. 하지만 세시간쯤 걷다보면 문제가 달라진다. 군대에서 행군하던 힘으로 무작정 걷기에는 예비군도 막바지였다. 게다가 군대에서조차 매일 몇시간씩 걷지는 않았다.

가난을 친구로 둔 탓에 동틀 때까지 걸어야 했던 생활에 유일한 적은 지루함이었다. 그래서 음악이 필요했다. CDP도 없었다. 노래를 불렀다. 아마 그때 매일 매일 3시간씩 노래를 불렀다면 득음을 해서 내노라하는 보컬리스트가 될 수도 있었을 것이다. 그러나 생각해보라. 아무리 아무렇지도 않게 걷는다지만 차비가 없어 홍대에서 석관동까지 무작정 걷는 29살 남자가 부를 레파토리를. BPM 1000이 넘어가는 개버 테크노도 8비트 뽕짝이 되기 십상이었다. 무슨 살림살이 잔뜩 짊어지고 피난 가는 것도 아니고, 기분 좋게 술먹고 집에 가는 길에 굳이 구슬픈 노래로 장식할 필요는 없었다. 그러고 싶지도 않았다. 그래서 노래는 딱 이틀 부르고 때려쳤다.

처진 기분보다는 압도적 지루함이 훨씬 좋았… 을 리가 없다. 찌질함이나 지루함이나 다 그놈이 그놈이다. 좋지 않았다. 그래서 택한 대안은 머릿속에서 노래를 꺼집어 내는 것이었다. 노래를 부르는 게 아니라 기억력을 최대한 끌어올려 좋아하는 노래를 머리로 재생했다. 처음에는 말도 안됐다. 그러나 인간도 진화론의 영향을 받는 동물, 다윈의 용불용설이 21세기의 인간에게도 여전히 유효함을 그때 알았다. 익숙해지고 나니 머릿속에서 흐르는 음악이 CD 라이터 수준은 아니어도 세번쯤 복사한 녹음 테이프 수준은 됐다. 그래도 몇번 듣지 않은 새 음악을 기억하는 건 불가능했다. 뜨겁게 좋아했던 노래가 기억도 잘났다. 세세한 부분까지 기억할 수 있었던 건 피시맨스였다. 장대높이뛰기 선수가 뛰어넘을 수 있는 몇번의 한계가 있듯, 리스너에게도 자극의 역치를 넘게 해주는 몇명의 뮤지션이 존재한다. 2001년 어느날 홀연히 알게 되어 1년 넘게 지난 그 때까지도 패이버릿(favorite)으로 꼽을 수 있었던 게 피시맨스였다. '피시맨스'라 써놓고 지금도 '피시만즈'로 발음하고 있지만 아무튼.

정말 추운 날이었다. 홍대에서 신촌과 이대를 지나 광화문과 종로를 거쳐 청량리를 지나 외대와 경희대를 통과하여 석관동에 이르는 길의 노란 가로등과 황량한 가로수, 인적없는 거리를 걸으며 피시맨스의 'Long Season'을 기억했다. 조각조각 쪼개져 전두엽 구석구석 박혀있던 음들을 하나로 모아 익숙한 멜로디와 리듬으로 만들었다. 그렇게 걷다 보면 그 추위에도 땀이 흥건히 고였다. 기분 좋은 땀은 아니었다. 땀에 젖은 옷은 빨아야 했지만 일일이 세탁기를 돌렸다가는 입고 다닐 옷이 없었기 때문이다. 그래도 자기 위해 걸었고 걷기 위해 음악을 떠올렸다. 참 가난했다. 그러나 그때 만큼 음악을 열심히 생각한 때도 없었다.

그때 일본 음악 듣는 친구들은 부자집의, 유행에 민감한 친구들이 많았다. 그 친구들이 구워준 CD로 피시맨스를 들었다. 시간이 지나 형편이 좀 나아졌을 때 일본여행 가는 사람을 통해 앨범을 하나둘씩 사모았다. 음악은 이미 거의 스캔 뜨다시피 기억하고 있었지만 그래도 좋았다. 스페인 신디케이트에서 제조한 정교한 모작들만 갖고 있던 미술품 콜렉터가 소더비를 통해 진품을 얻고 기뻐하는 것과 같았다. 지금도 가끔 〈98.12.28 男達の別れ〉을 꺼내서 'Long Season'을 들을 때가 있다. 3시간을 걸어 집에 돌아오면 성애가 끼곤 했던 안경처럼 기분이 뿌옇게 된다. 뿌연 기분이 어떤 건지, 말로 설명할 수는 없다. 그건 그냥 뿌연 기분인 것이다. 음악에 담겨 남아있는, 아무렇지도 않게 가난했던 아홉수의 유일한 흔적이다.

너는 한마리 사자여라

깊고 깊은 바다속, 나무수염아귀라는 심해어가 산다. 암놈은 화려하다. 거대한 몸집에 야광처럼 빛나는 수염을 달고 다니며 먹이를 잡는다. 열악한 먹이사슬 환경이 그런 수염을 발달시켰을 것이다. 수컷도 진화했다. 오직 생식을 위해서 나무수염아귀의 수컷은 살아간다. 암컷의 20분의 1도 되지 않는 몸의 90%가 정소다. 그리고 암컷의 몸을 뚫고 들어가 피를 빨아먹으면서 살아간다. 정자를 공급하는 대가로 평생 암컷을 빨아먹는다. 수컷이란 대개 그러하다. 어떤 환경에서도 생식의 본능만은 잃지 않는다. 또한 어떤 상황에서도 수컷이란, 그런 본능의 나침반을 따라 물을 건너고 산을 넘는다.

상도동의 어느 지하방도 아니고 옥탑방도 아닌 쪽방에 살던 때가 있었다. 분명히 지상 1층이었는데 하루종일 해가 들지 않았고 분명히 독립된 방이었는데 이웃의 가난한 부부가 밤마다 내뱉는 교성이 무려 5.1채널로 들리는, 그런 방이었다.

어서 빨리 돈을 모아 옥탑방으로, 아니 하다못해 지하방으로 가자, 라는 다짐을 할 여유조차 없었다. 그달 그달의 월세, 아니 공과금조차 내기에도 버거웠기 때문이다. 버거움은 오래 가지 못했다. 불가능이 되었다. 월세가 밀려가고 보증금이 까였다. 전기와 수도가 끊기면 자살할지도 모른다는 위기감이 본능적으로 둥실둥실 방안을 떠돌고 있었다.

함께 살다시피한 친구가 있었다. 놈은 나보다 더욱 더 궁핍했다. 몸을 뉘일 방 조차 제대로 없었다. 뮤지션이 되겠다는 청운의 꿈을 안고 서울로 올라왔으나 현실은 막막했다. 집에서 쫓겨나다시피한 처지에 놈의 독립심이 더해져 2년째 홈리스 생활을 하고 있었다. 우리 집에도 종종 왔다. 항상 족발에 소주 두병을 사들고 집에 찾아와 뼈를 핥고 병바닥을 쪽쪽 빤 후에야 우리는 잠들곤 했다. 놈이 하고 싶은 음악은 펑크였다. 서울로 올라올 때 가져온 섹스 피스톨스의 CD는 얼마나 들었던지, 알판은 기스 투성이었고 부클릿은 너덜너덜했다. 서울 생활 몇년이 지난 그때, 그의 CDP에는 소닉 유스의 〈Daydream Nation〉이 걸려 있었다. 파워 코드에 경도돼 있던 펑크 키드는 가난의 시절을 거쳐 변칙 튜닝된 기타를 들고 고개를 떨구고 있었다. 과연, 인간은 환경의

동물이었다.

여자친구가 있었다. 자기집 개집만도 못한 내방을 그녀는 잘도 찾아오곤 했다. 웃으며 방청소를 해주고 가끔은 기름도 배달시켜줬다. 덕분에 겨울만은 따뜻하게 날 수 있었다. 그녀가 올 때는 언제나 단백질을 섭취할 수 있었다. 회 아니면 고기 한근을 쫄래쫄래 들고, 그녀는 웃으며 방문을 열곤 했다. 그녀의 존재만으로도 동토의 청춘에 한줌의 이끼 싹이라도 자랄 수 있었던 것이다. 친구는 운이 좋았다. 삐삐도 없는 그놈은 어떻게 알고, 여자친구가 와 있을 때마다 삐걱, 방문을 열었다. 생존의 안테나가 놈을 상도동으로 이끌었을 것이다. 당장의 단백질이 아무리 시급하다고는 하지만 미친듯이 고기와 생선을 먹기만 해서야 체통이 서지 않는다. 따라서 우리 셋은 이런 저런 대화를 하며 북극과 그린란드의 사이, 정도에 있는 그시절을 보냈던 것이다.

햇볕 한줌 안드는 방이었다. 바닥에선 냉기가 개미떼처럼 기어다니는 방이었다. 보일러를 켜지 않으면 전기장판을 틀어도 입에서 김이 모락모락 나왔다. 차비도 없었기에 놈은 우리집에 아예 눌러 앉았다. 차마 남자끼리 부둥켜안지는 못하고, 서로의 체온을 미묘한 거리로 느끼며 입김을 뿜어내다가 잠이 들기를 며칠, 우리는 그렇게 얼어서 썩어가고 있었다. 동면에 가까웠다. 인간이 항온동물이라는 것이 믿어지지 않을 만큼, 우리는 바위밑의 도마뱀처럼 겨울을 나고 있었다. 씻지도 않았다. 아니, 씻을 수 없었다. 보일러가 며칠째 멈추다보니, 그렇잖아도 찬물은 더욱 차가워졌다. 물을 한다라 받아놓으면 최민수가 말을 타고 나타나 "저 물은 어머니의 자궁, 옷을 벗고 들어가라"라고 말할 것처럼 차가운 물이었다. 손을 대기만 해도 아팠다. 세수는 감히 상상할 수도 없었다.

동면의 나날을 보내던 아침, 전화벨이 울렸다. 그녀였다. "오빠, 집이야? 나 친구들이랑 차타고 가다가, 애들이 오빠 보고 싶다고 해서 오빠집 근처로 갈 건데 나와라. 같이 밥이나 먹자." "어, 근데 **도 같이 있는데…." "그 오빠도 나오라 그래, 같이 보지 뭐." "알았어. 그럼 몇시까지 상도시장앞 무슨 고기집에서 보자." 전화를 끊고 자고있는 녀석을 깨웠다. "얌마, 일어나라 여친 온댄다. 친구들도 같이 온다고 점심 먹재." 그말을 듣는 순간, 놈은 사자의 습격을 받은 톰슨가젤처럼 벌떡 일어났다. "아 씨발 어떻게 하지, 내 머리, 내 머리." 일주일동안 감지 않은 놈의 머리는 톰슨가젤의 몸위에 둥지를 튼 깃발쏙독새둥지와 같았다. 놈은 한 숨을 몇번 내쉬었다. 그리고는 톰슨가젤을 발견한 사자처럼 크게 심호흡을 했다. 성큼성큼, 화장실로 걸어갔다.

다시 한번 말하지만, 보일러가 멈춘 상도동 쪽방의 수돗물은 당장 살얼음이 섞여나온다 해도 전혀 이상하지 않을 만큼 차가웠

다. 튼다는 사실만으로도 큰 용기가 필요할만큼 차갑디 차가웠
다. 녀석은 그 수도를 있는 힘껏 열어제꼈다. 그리고 머리를 갖다
댔다. 크으응, 크으응, 마치 교미하는 톰슨가젤 같은 기묘한 신음
소리를 내며 머리를 감기 시작했다. 그 모습을 보는 나까지도 머
리가 아파왔다. 결국 크아아아 크아아아, 사정하는 숫사자처럼
소리를 고래고래 지른 후에야 머리감기는 끝이 났다.

그모습을 보며 다시 한번 생각했다. 수컷이란 얼마나 위대한가.
여자를 만난다는 이유 하나만으로도 최민수를 능가하는 박력으
로, 남자란 불타오를 수 있구나. 그 불타오르는 집념에 흡사, 3점
숫을 넣는 정대만을 보며 줄줄 흐르는 눈물과 함께 '불꽃남자 정
대만'이라는 깃발을 흔드는 영걸이가 된 기분이었다.

그런데 갑자기 친구 중에 급한 일이 생긴 애가 있어서, 어쩔 수
없이 오늘 약속을 깨야겠다는 여자친구의 연락이 왔다. 차마 그
에게 게임 끝났어, 라 말할 수는 없었다. 적진을 향해 맹렬히 드
리블하는 정대만이라도 된 것처럼, 그는 불타는 눈빛으로 발을
닦고 있었기 때문이다. 잔뜩 일그러진 표정으로 으괴괴, 으괴괴
포효하며. 놈의 노란머리가 바람결의 사자머리처럼 좌우로 흩날
렸다. 나는 그 친구를 위해 조용히, 섹스 피스톨스의 'God Save
The Queen'을 틀었다. 조니 로튼이 울부짖었다. 'No future, no
future, no future for you.'

술잔에 담은 음악 5

추억만은 아니어라

1995년, 예술영화를 주로 상영했던 코아아트홀에 영화 한편이 걸렸다. 이시대의 거장이라는 둥, 영화의 위대한 혼이라는 둥의 찬사가 마니아들 사이에서 붙어다니던 타르코프스키의 대표작 〈희생〉이었다. 한번도 영화광이라 자처해본 적도 없고, 실제로도 전혀 그렇지 않지만 방년 스무살을 막 넘겼던 데다가 때마침 한국 사회에 불어닥친 문화의 열풍에 힘입어서 갖추었던 라이프 스타일은 이랬다. 한손에는 최인훈의 〈화두〉를, 또다른 한손에는 하루키의 〈노르웨이의 숲〉을 들어주는 센스를 과시했다. 단추 몇개 뜯어진 체크무늬 셔츠와 절대 빨지 않은 컨버스 스니커를 신고 밤이 되면 신촌의 우드스탁이나 도어스에 홀로 앉아 맥주 한병 시켜놓고 1년 전 가버린 커트 코베인의 정신을 이어 받아 평생을 루저처럼 살겠노라 다짐하기도 했다. 써놓고 보니 몇

해전 겨울 미니 스커트와 어그 부츠 차림으로 거리를 활보하던 언니들을 보고 혀를 끌끌 차던 자신이 부끄러워진다.

아무튼, 그런 나였으니 종로의 코아 아트홀에서 상영하던 일련의 '예술영화'들은 반드시 봐주는 센스를 갖춰야 했다. 에밀 쿠스트리차의 〈집시의 시간〉과 빔 벤더스의 〈베를린 천사의 시〉 같은 영화들 말이다. 하지만 역시 〈희생〉은 강적이었다. 상영 후 10분도 지나지 않아 떨궈진 고개는 엔딩크레딧이 올라갈 때 비로소 다시 세워졌다. 그리고 다른 관객들처럼 잠시 사색의 시간을 가진 후 감동했다는 표정을 지으며 극장문을 나섰다. 타르코프스키의 예술혼보다는 그 지루한 롱테이크를 이겨낸 관객들의 투혼에 더 감동했다는 게 맞겠다. 나중에서야 알았다. 그들 대부분이 나와 같았다는 것을. 제아무리 강한 인내심의 소유자일지라도 주인공 남자가 촛불을 들고 소처럼 천천히 물 위를 끝없이 왕복하는 장면에서는 결국 영화대신 꿈속을 쳐다보고 있었다는 것을.

음악도 마찬가지였다. 비록 동시대의 음악은 너바나의 등장으로 완전히 얼터너티브가 장악하고 있었지만 70년대 또는 80년대 록으로 음악에 입문했던 세대에게 당시 콜렉션의 트렌드는 아트록이었다. 시완레코드가 주도한 아트 록 열풍은 70년대 이태리 밴드였던 라떼 에 밀레의 〈Passio Secundum Mattheum〉이 4만 장

(소문에 의하면)이라는, 본국보다 많은 판매량을 기록한 데서 시작했다. 그후 우후죽순처럼 유럽의 아트록 앨범이 라이선스, 또는 수입으로 소개됐다. 심야 FM에서 틀어준 곡들을 정성껏 녹음, 테이프가 늘어질 때까지 듣고 또 듣던 애호가들에게는 마치 감로수가 비처럼 쏟아지는 것만 같았다.

그동안 듣고 싶어도 들을 수 없는 음악들을 듣게 된 것까지는 좋았다. 문제는 이름조차 들어본 적 없는 음반들까지 마구 쏟아졌던 것이다. 어느 한장 빼놓지 않고 '명반 중의 명반' '또 하나의 명반' '묻혀있던 명반' 같은 수식어가 따라 붙었다. 그런데 어떤 건 정말 명반스러웠지만 그렇지 않은 음반들이 더 많았다는 게 큰 문제였다. 함께 음악듣던 친구들마저도 모두가 명반이라고 인정하는 작품들이 나한테는 '똥판'이라니, 정치 생명에 심대한 타격이 올지도 모른다고 나는 생각했다. 낙오자가 될 바에는 차라리 거짓말을 하는 게 나았다. '오피니언 리더'들이 꼽아주는 명반은 애시당초 명반이 될 운명을 타고났기 때문에 추호의 의심을 살수 없는 걸작이요, 훗날 전설에 올라 마땅한 필요충분 조건을 완벽하게 갖추고 있다고 믿기로 다짐했던 것이다. 그리하여 이 음반에는 대체 얼마나 위대한 소리가 담겨 있더냐, 왜 우리에게는 이런 음악을 들려주는 뮤지션이 없는 것이더냐 찬양하고 또한 한탄하며 청춘의 한시절을 보냈다.

시간이 흘렀다. 〈희생〉을 보고 자기도 졸았다는 그때의 음악친구들은 또한 고백했다. 우리가 침을 튀겨가며 숭상해 마지않던 그 앨범들 중 어떤 것들에 대해서.

〈희생〉을 보지 않으면 새로운 시대의 문화 청년이 될 수 없다는 분위기가 있던 시대였다. 타르코프스키의 영상에 깃든 숭고한 성령을 느끼지 못하면 지적 열등감을 느껴야 하는 시대이기도 했다. 앞서가는 청년이 되기 위해서는 크지스토프 키에슬로프스키, 테오 앙겔로풀로스, 알렉스 드 라 이글레시아처럼 발음조차 어려운 미지의 이름을 몇개쯤은 외워야 했던, 이상한 시대였던 것이다. 영화광에 비해 그 수는 비록 적었을지 모르나 음악도 그와 다르지 않았다. 당시 불어닥친 문화의 해금은 어쩌면 또 다른 억압이었던 셈이다.

그런 희안한 시대도 벌써 10년이 훌쩍 지나 〈희생〉이 재개봉했다. 얼마나 많은 관객들이 들었는지는 모른다. 당시 그 영화를 수입, 꽤 재미를 봤던 영화사는 경영난에 허덕이고 있고 코아아트홀도, 시완레코드도 모두 역사속으로 사라졌다. 한시대가 그렇게 물러간 자리를 디지털 카메라와 MP3가 채우고 있다. 이미지와 음악, 모두 더욱 접근 용이한 세상을 살고 있는 지금이지만 10년전의 '풍요를 가장한 강요의 시대'가 종종 그리운 까닭은 무엇일까. 잘 모르겠다. 다만, 추억의 힘만은 아닐 것이다. 분명히.

시간치의 근성

내 사전에 없는 단어가 있다면 예약과 예매다. 1초 후의 일도 어찌 될지 모르는데 몇주, 몇달의 일을 미리 정해놓는 게 웬말이더냐, 하는 소신이 있어서 그런 건 아니다. 사실 게으를 뿐이다. 다이어리가 없으면 정해진 약속은 기억은 하되, 그시간에 맞게 움직일 수 없는 희안한 체질이라고 하는 게 더 정확하겠다. 매일 가는 길도 못찾는 길치가 있듯, 시계를 보지 않고서는 지금 시간을 짐작도 못하는 '시간치'도 있다. 전형적인 시간치인 나지만 예약과 예매가 보편화되면서 몇번인가 새로운 문화에 적응하려 애쓴 적이 있다. 하지만 의사와 상관없이 예약한 식당에서 왜 안오냐는 전화를 받고, 예매한 티켓을 날린 이후로는 감히 앞일을 정해두지 못한다. 8시에 시작하는 공연을, 꼭 와달라는 전화를 몇번이나 받고도 10시쯤 돼서야 '아, 맞다' 하면서 무릎을 치는 경우를 몇번이나 겪다보면 아마 누구나 그럴 것이다.

그래도 2005년 6월 11일은 달랐다. 그의 공연 소식을 접한 후 몇번이나 '음, 6월 11일, 6월 11일…'이라 되뇌이며 이날을 기억하려 애썼다. 6월 11일 당일, 다행히도 기억하고 있었다. 일을 끝마치고 허겁지겁 역삼동 LG아트센터로 달려가니 오후 5시. 무려 1시간이나 일찍 도착한 것이다. 물론 좋은 자리는 다 팔리고 없겠지만 그건 시간치의 숙명이라 체념했다. 운좋게도 급한 일정 때문에 못오게 된 누군가의 티켓을 싼 값에 구했던 건 간만의 부지런함에 대한 하늘의 선물로 생각하기로 했다. 이제 고란 브레고비치의 공연을 볼 일만 남은 것이다.

누구나 그렇겠지만 나도 고란 브레고비치를 〈집시의 시간〉을 통해 알게 됐다. 93년이었던가. 코아아트홀에서 단관개봉한 에밀 쿠스트리차의 이 영화는 신비한 체험이었다. 집시 문화에 대해 일가견도 없었지만 그 안에서 어떤 기묘한 삶과 환상을 느꼈다. 할리우드 액션영화만 보던 20살 청년에게는 새로운 자극이었다. 간판이 내릴 때까지 몇번인가 코아아트홀을 찾았고 몇번인가 이 영화를 봤다. 음악은 정말 신기했다. 딱히 영화잡지를 구독하지도 않았기 때문에 누구의 음악이었는지 알 길은 없었다. 주변에 물어볼 사람도 없었다. 〈언더그라운드〉〈아리조나 카우보이〉같은 영화를 보면서 모두 같은 사람이 음악을 맡았다는 걸 알 수 있

었다. 그의 이름은 고란 브레고비치라고 했다. 이리저리 음반도 몇장 구할 수 있었다. 이런 음악을 라이브로 들으면 어떤 기분일까. 록스타의 공연과는 뭔가 다를 것 같았다. 20대 언저리에서 가졌던 의문을 서른한살이 되어서야 풀었다. 정말 다행스러웠다. 객석의 뒤편에서 하나 둘 씩 나팔을 불며 등장하는 웨딩 & 퓨너럴 밴드. 아홉명의 나팔수가 무대에 오르니 불이 켜졌다. 그곳에는 머리부터 발끝까지 흰색으로 치장한 고란 브레고비치가 앉아 있었다. 맨발에 빽구두가 그렇게 잘 어울리는 사람을 나는 본 적이 없다. 약 2시간동안 20곡이 넘는 레퍼토리가 연주됐다. 음악을 들으며 집중을 계속했으면 좋았을 텐데, 나는 불운하게도 집중력 박약이기까지 하다. 별별 생각이 다 들었다. 맥락없는 상황들과 의미없는 이미지들이 계속 머릿속을 감돌았다. 그런데도 음악은 또렷하게 들렸다. 장례식의 비가와 결혼식의 축가, 정말 웨딩 & 퓨너럴 밴드라는 이름에 딱 맞았다. 혼인과 장례야말로 산자와 죽은자의 개인사에서 가장 큰 축제의 시간 아니던가. 이런 축제의 음악은 산더미처럼 음식 쌓아놓고 맥주거품이 사방천지로 흩날리는 장터에서 들어야 '딱'이라는 생각만 계속 했다. 흥청망청거리는 무대에 못지 않은 흥청망청함이 객석에도 있어야 할 것 같았다. 춤이라도 추라면 출 수 있을 것 같았다. 다들 그러고 싶었나보다. 앵콜로 'Kalasnjikov'를 연주했을 때, 고란의 "돌격!" 선창에 함께 외치며 모두가 일어서고야 말았으니까. 박수를 치든 춤을 추든 각자의 방식으로 이 공연을 즐기고 싶었던 게다. 〈집시의 시간〉 OST를 구하고자 사방팔방을 헤매던 시절의 추억, 인생의 베스트로 꼽을만한 공연이었다는 감회, 틈나는 대로 고란의 음반을 사 모으리라는 다짐. 이런 건 아무래도 좋았다. 눈앞에 펼쳐지는 무대가 퍼포먼스고 쇼비즈니스며 사전에 정교하게 계산된 연출의 소산이라 생각할 수 없는, 순수한 엔터테인먼트의 본질이 6월 11일의 LG아트센터에 있었다. 그저 음악을 연주하고 율동을 보여주는 게 아니라 삶의 역동적인 풍경을 느끼게 해주는 공연을 보고야 만 것이다. 네이버 지식인에게 아무리 물어본들 결코 대답해주지 못할 집시들의 역사와 문화, 그리고 그 삶에 담긴 온갖 에너지가 브라스의 힘찬 울림을 타고 귀로, 가슴으로, 몸으로 우리에게 전해졌다.

세상 어디에나 민초들의 삶이란 고단하다. 그렇기 때문에 음악을 들으며 도피하고 자위한다. 노래방이 없던 시절, 왜 우리는 좀더 제대로 노래하기 위해 통기타를 배웠던가. 왜 경계근무를 나간 심야의 초소에서 한껏 노래하며 잠을 쫓았던가. 고란의 공연이 그 해답이었다. 집시들의 박복한, 하지만 언제나 춤과 노래가 있던 역사에서 길어올린 고란의 음악은 '뮤직 비즈니스'라는 말에서 비즈니스를 뺀, 바로 그것이었다. 태초에 인류가 규칙적으로 나무 토막을 두들기던 소리에도 그런 울림이 있었으리라.

공연이 끝나니 8시, 온통 진이 빠졌다. 화장실에서 휘청대고 돌아오는 차안에서 넋이 나가 헛소리만 해댔다. 록 공연장도 아닌데 이 무슨 일인가. 로비에서 크라잉 넛을 만났다. 홍대로 넘어와 그들과 술을 마셨다. 서로 입에 침을 튀겨가며 술잔을 비웠다. 명사와 동사보다 감탄사가 훨씬 많은 대화였다. 그들이 앞으로 가질 인터뷰에서 종종 이 공연 얘기가 오르내릴거라 확신했다.

동네생활백서(1)

오랜 소원이 하나 있었다. 밤 11시, 전화 한통으로 동네 허름한 호프집에서 추리닝 차림으로 만날 수 있는 친구들이 있으면 했다. 게다가 취향까지 같아서 비록 호프집에서는 김종국과 SG워너비를 미친듯이 틀어준다 해도 잔을 부딪히며 "대체 〈NME〉는 왜 그리 악틱 몽키스를 신격화하지 못해서 난리야?" "그러게, 난 아무리 들어봐도 왜 걔들이 그렇게 떠야하는 건지 도저히 알 수가 없더라구." "악틱 몽키스보다야 프란츠 퍼디난드가 백만스물한배 낫지. 안그래?" "야야, 다 필요없고 베보 발데스 신보나 들어봐. 아 난 21세기에 이런 음악을 만날 수 있으리라고는 생각도 못했어. 여기요 아줌마! 새우깡좀 더 주세요." 정도의 아름다운 대화를 나누면 금상첨화겠지만 정통 새우깡과 먹물 새우깡, 매운 새우깡과 쌀 새우깡을 비교하며 밤을 샌들 추리닝에 삼선 슬리퍼를 질질 끌고 만날 수 있다는 사실만으로도 휴머니즘이 철철 넘쳐흐르는 것이다.

반경 500미터 이내에 그런 친구들이 전혀 없다보니 새벽 1시에 세수하고 옷 차려 입고 젤로 머리 세운 후 택시를 타고 홍대까지 나와야 하는 생활, 역시나 좋지 않다. 그런 생각을 하며 마을 버스를 타고 집에 돌아오는 어느 날이었다.

공연 기획일을 하는 후배와 통화를 하다보니 노브레인은 어쩌고 저쩌고, 기타 울프가 어쩌고 저쩌고 하는 말을 나눴다. 그걸 버스 기사 아저씨가 들은 모양이었다. 많아야 나보다 서너 살 정도 위로 보이는 아저씨였다. "손님. 음악 하시나봐요?" "아뇨, 그건 아니고…. 어쨌든 음악 관계일을 하긴 하죠." "저도 몇년 전까지 홍대 클럽에서 공연했었어요." "헉 진짜요? 무슨 밴드?" "뭐 유명한 밴드는 아니었고…. ***나 ○○○같은 팀들이랑 친했어요. 아 근데 거 손님도 없고, 같이 얘기나 하면서 들어가게 뒷자리로 오세요."

대게 이런 상황에서 이어지는 대화란 아저씨의 무용담으로 시작해서 신세한탄으로 끝나기 마련이다. 게다가 내릴 곳을 뻔히 알면서도 차마 내리지 못하고 종점까지 올 수밖에 없다. 신세한탄이기 때문이다. 그날 이후 나는 마을버스를 타지 않는다. "다음번에 또 버스에서 만나면 술이라도 한잔해요"라는 아저씨의 말만

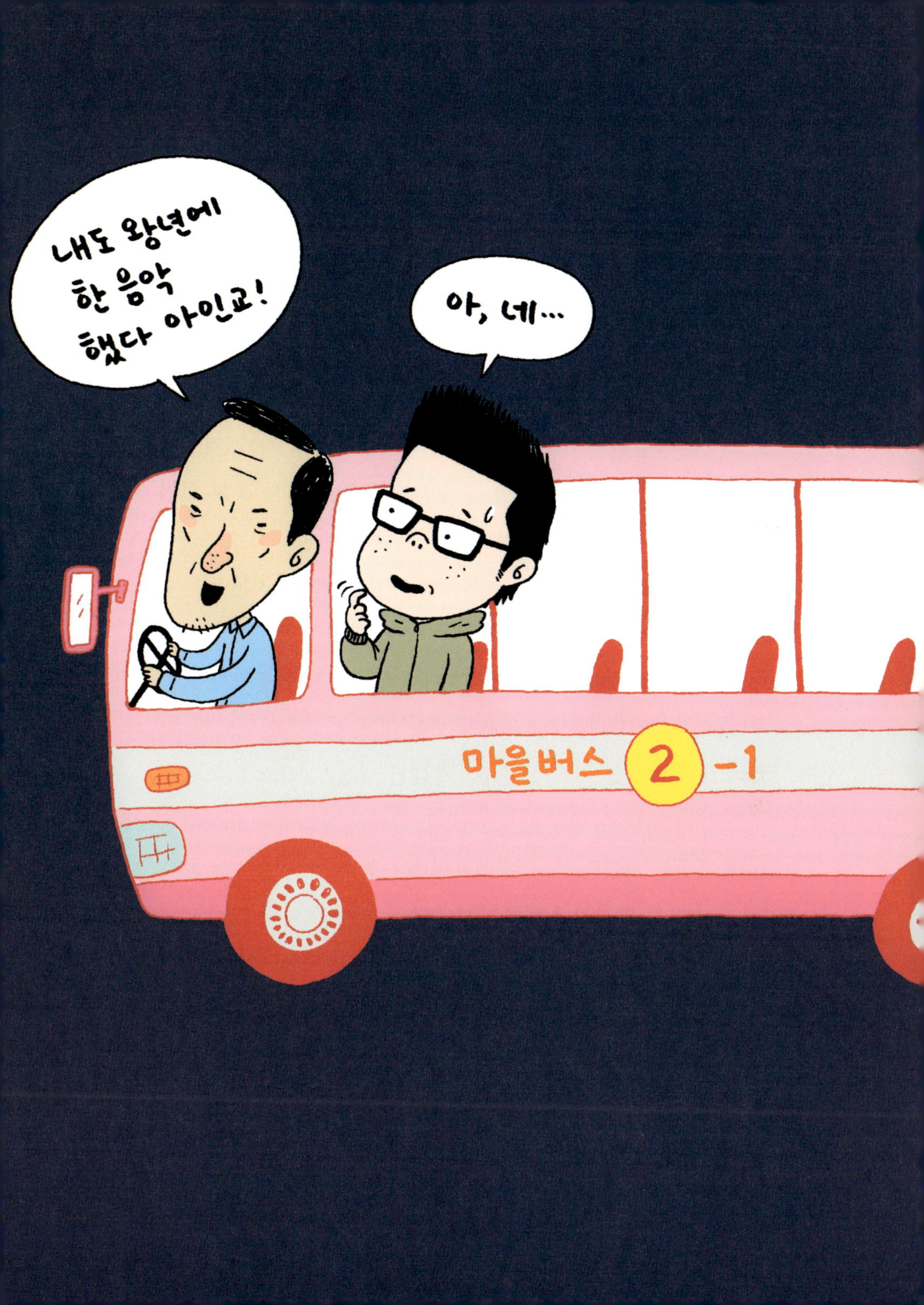
내도 왕년에 한 음악 했다 아인교!
아, 네…
마을버스 2-1

없었어도…. 신세한탄만큼 맛없는 술안주는 세상에 없다.

동네에 만화가게가 하나 생겼다. 그런데 이 대여점이 아무리 봐도 보통 품새가 아닌 것이다. 우리 동네를 아무리 뒤져봐도 액션 피규어 콜렉터는 절대 없을 것 같은데, 온갖 액션 피규어가 즐비하게 진열되어 있고 주인이 손수 그린 일러스트가 도처에 붙어 있으며 갖춰놓은 만화도 〈허리케인 조〉〈은하철도 999〉〈파인애플 아미〉처럼 절판되어 구할 수 없는 작품들이 가득 꽂혀 있었다. 호기심이 생기는 게 당연했다.

대여점이란 보통 집에만 있기 무료한 아줌마들이 쌈지돈을 털어 소일거리 삼아 차리거나 불경기를 이기지 못하고 구조조정된 40대 가장이 재기하기 위해 불굴의 의지로 음식점을 냈다가 망한 후, 욕심을 버리고 동네에 조용히 문을 여는 업소가 아니던가. 만화에 대한 해박한 지식과 피규어에 대한 열정, 그리고 손수 일러스트를 그릴 만한 실력을 두루 갖춘 심심한 아줌마나 명퇴당한 40대 가장은 어쨌든 본 적이 없으니 말이다.

"아저씨 만화 그리시나 봐요? "아닌데요. 허허." "아니 근데 피규어도 그렇고 저 일러스트도 그렇고, 아무리 봐도 심심한 아줌마나 명퇴당한 40대 가장은 아니신 것 같은데" "만화 그린 적은 없구요. 홍대쪽에서 클럽했었어요." "헉, 진짜요? 무슨 클럽?" "말하면 아시려나? ***이라고. 한 10년 하다가 밤일하기 싫어서 이거 차린 거예요." "워어. 나 거기 옛날에 단골이었는데. 그런 적도 있었 어요. 친구 셋이 가서 술을 먹다가 남자끼리 이게 뭐하는 짓인가 싶어 주위를 돌아보니 마침 언니 셋이 있더라구요. 그래서 번갈 아가면서 그쪽 테이블 가서 작업했다가 번갈아가면서 뺀찌먹었 죠. 핫핫핫." "…." "아 그럼 음악도 많이 들으셨겠네요. 그 클럽 에 LP진짜 많잖아요." "가게랑 같이 다 처분하고 그 돈으로 저 피 규어 산거예요. 한 7천장 됐었나?"

아무리 7천장의 LP를 처분했다 한들 음악에 대한 애정은 여전할 터이나 뭔가 이상했다. 왜 이 가게에선 아까부터 김종국 노래만 흘러나오고 있는가. 아니아니, 왜 대체 책대여점에서 벽에 스피 커를 매달아 놓고 음악을 틀고 있는가. "그래도 명색이 클럽 주 인이었는데 음악은 틀어놔야죠." 그 아저씨가 하던 클럽은 직장 인들이 대부분이었다. 따라서 음악도 레드 제플린부터 콰이어트 라이어트까지 올드록이 대부분이었다. 피로에 지친 직장인들에 게 밤새 추억과 막춤을 선물해주던 한시절의 클럽 주인은 〈나나 〉와 〈오오쿠〉 신간이 나왔나 매일매일 책방을 찾는 여고생들을 위해 김종국을 들려주고 있는 것이다. 그리하여 이 만화가게는 동네 만화가게 신의 막둥이로 출발했음에도 동네 여고생들과 나 같은 백수들의 전폭적인 지지에 힘입어 삽시간에 다른 가게들을 누르고 동네를 평정했다. 실로 막강한 비즈니스 감각인 것이다.

현직 마을버스 기사인 전직 록커에 이어 현직 만화가게 주인인 전직 클럽 주인이 한 동네에 있다니. 이 정도면 우리동네를 한국의 시애틀이라 할 수 있지 않을까. 그러나 얼마 후 진정한 강적을 만났다. 최근 다니기 시작한 헬스장의 트레이너였다. 아아, 기묘한 운명이여.

동네생활백서(2)

헬스장, 아니 품위있게 피트니스 센터라고 하자. 피트니스 센터에 등록하게 된 까닭은 이렇다. 바뀐 밤낮을 대체 제자리로 돌릴 생각을 하지 않으며, 밤이면 밤마다 기어나가 새벽에야 술에 취해 돌아오는 호랑말코 같은 생활에 더하여, 니코틴과 타르와 일산화탄소를 포함한 4,700가지의 유해성분을 마치 산소처럼 들이키는 애연가의 나날을 지속하고 있는, 한심하기 짝이 없으며 장래까지 불투명한 아들을 사람 한번 만들어보자는 어머니의 타박 때문이었던 것이다. 그리하여 밤낮도 바뀌고 술과 담배를 물과 공기 마시듯 하는 아들은 아침부터 피트니스 센터에 나가는 웰빙의 전도사가 될 수 있었다. 단, 여전히 늦게 자고 늦게까지 술을 마셨으며 늘 담배를 피워댔으니 웰빙이라기보다는 웰빙 비슷한 그 무엇이라 하는 게 정확하겠지만.

아침 9시의 피트니스 센터에 남자가 있을 리가 없다. 멀쩡한 남자란 모름지기 아침 9시쯤이면 상쾌한 사무실에서 '좋은 아침!'이란 인사와 함께 노트북을 켜고 자리에 앉거나 미팅을 통해 서로의 일과를 교환하는 법이다. 그 시간에 피트니스 센터에서 바벨을 들고 러닝머신을 하는 남자란 평생 멀쩡하게 살아오다가 이제 여생을 즐기거나, 아니면 젊은 시절 창업한 사업체가 이제 안정의 반석에 올라 오후쯤 슬금슬금 출근해도 뭐라 할 사람 없는 사장님들이 고작이니 어쨌든 다들 나이가 지긋하기 마련.

멀쩡한 삶과 거리가 먼 나로서는 그 시간대의 유일한 젊은 남자 회원이었다. 나머지는 대부분 남편 출근시키고 자식 학교보낸 후의 무료한 시간을 체력단련으로 보내는 아주머니들인지라 즐비하게 늘어선 러닝머신 사이에서 청일점이 되는 날이 많았다. 아주머니들 사이의 청일점이라, 결코 유쾌하지 않다. 갖고 있는 사교성을 감추고 과묵한 회원으로 운동만 하고 사라지는 생활이 시작됐다.

이 센터에는 다섯명 정도의 트레이너가 있다. 그중 단연 눈에 띄는 이는 배코치. 190이 넘는 장대한 기골에 럭비 국가대표 출신이란 크레딧이 말해주는 탄탄한 근육질 몸매. 그리고 어딘지 바야바를 닮은 듯한 기묘한 인상 때문이다. 나와는 키차이가 거의 20cm다. 말할 때마다 고개를 한껏 들어야 한다. 키 큰 남자와 연

애해본 여자는 알겠지만 불편하다. 연애야 사랑하니까 좋기라도 하지, 사랑도 안하는데 고개를 들고 20cm 상공을 쳐다보는 건 역시, 결코 유쾌하지 않다. 그런 어느날 그가 20cm 아래를 내려다보며 말한다. "회원님, 혹시 보드타세요?" "아니요, 안타는데요." "그럼 혹시 펑크나 하드코어 좋아하세요?" "헉. 어떻게 알았수?" 추측의 근거는 간단했다. 스니커도, 러닝화도 아닌 보드화를 신고 오는 품새가 범상치 않았으며 허리에 매단 체인또한 짐작의 선명도를 높였다. 게다가 어느날 아침 머리를 완전 세우고 들어오는 모습에서 확신을 하게 됐다는 것이다. 이게 무슨 영문인가 싶어 당황하고 있는 나에게 배코치는 자신이 하드코어 밴드의 보컬이라며 주먹을 불끈 쥔다. 애호가끼리 서로의 정체를 알았을 때 으레 그러하듯 우리는 어떤 밴드를 좋아하느냐부터 시작해서 요즘 누구 앨범 들어봤느냐, 요즘 하드코어 신의 경향은 이대로 좋은가에 이르기까지 많은 대화를 나눴다. 러닝 머신 위에서 6km 속도로 걸으며 그 많은 대화를 하고 있자니 숨이 가빠오는 게 공연이 절정에 치달을 무렵의 하드코어 밴드 보컬이라도 된 것 같았다.

그날밤 배코치가 문자를 보냈다. '사회생활하면서 같은 취미 가진 사람은 처음 만나봤어요. 형님이라 부를께요.^^' (신장 190cm의 전직 럭비국가대표 선수인 헬스 트레이너로 주말이면 하드코어 밴드에서 그롤링으로 목에 핏줄을 세우는 사람과 ^^은 침팬지와 핵버튼의 만남 만큼이나 브루털했다) 그렇게 시작된 우리의 브라더후드는 나날이 깊어갔다. 문제는 내가 요즘 언더그라운드 하드코어까지 챙겨듣지는 못하는 까닭에 그가 침을 튀기며 찬양하는 밴드들 대부분을 모른다는 것이었다. 까짓, 이바닥 생활이 몇년인데. '아아, 갸들 죽이지' '어, 진짜? 저번 앨범도 끝장이었잖아' 정도로 응수하면 '그렇죠! 그렇죠! 아 역시 형이 뭘 안다니까'라며 환한 웃음을 짓기 마련이다.

이해하기 바란다. 어쨌든 세상엔 너무나 음악이 쏟아지고 그걸 다 챙겨들을 시간은 부족한 것이다. 하지만 모처럼 생긴 이런 브라더후드또한 소중했던 것이다. 바야흐로 선의의 거짓말이다. 그러나 선의든 악의든 거짓말에는 반드시 대가가 따르는 법이다. 브라더후드가 쌓일수록 운동량은 현저히 줄어들었다. 수다가 늘었던 탓이다. 6km로 돌아가는 러닝 머신에서 그와 대화를 나누며 파워 워킹을 한다는 건 역시 힘든 일이다. 3km로 낮추고 천천히 걸을 바에야 아예 편하게 얘기하고 싶어진다. 머신은 멈춰 서고 브라더후드에는 가속도가 붙는다.

그러다보면 가끔은 이런 생각도 든다. 내가 이 비싼 회원권 끊고 고작해야 트레이너와의 브라더후드를 위해 아무 운동도 하지 못해야 하는가. 하지만 세상에는 돈보다 중요한 게 있다. 첫

째가 사람이요, 둘째가 음악이다. 이런 말도 안되는 자위로 카드 결제일을 잊으며 나는 오늘도 20cm 상공을 바라보며 배코치와 대화를 나눈다. 멈춰선 러닝머신과 함께 웰빙 비슷한 그 무엇의 생활도 스톱된다. 음악과 함께 하는 동네의 삶이란 역시, 건강하지만은 않다.

갤러거 브라더스

 음악을 좋아하는 사람이라면 누구나 꿈이 있는 법이다. 좋아하는 뮤지션의 공연을 보는 것. 행여 운이 좋아 무대밖 지근 거리에서 만나게 된다면 당장 일기장을 세권쯤은 채울 수 있을 만큼의 벅찬 마음을 가지고 집에 돌아가기 마련이다. 그리고 매년 달력을 바꿀 때마다, 그날에 빨간 동그라미를 평생 칠 수밖에 없다. 가히 입신양명인 것이다.

나도 물론 그랬다. 2006년 2월 오아시스 내한 공연이 발표됐을 때 이미 숨이 가빴다. 음반사에서 노엘 갤러거와의 기자회견에 참석하겠느냐고 했을 때는 숨이 살짝 멎을 지경이었다. 세상에, ZZ 탑이나 파이어 하우스나 이런 팀이 온다면 공연을 갈까말까 고민하다가 아마 공연 당일 집에서 코를 파고 있었을 것이다. 애시나 우탱클랜처럼 객관적으로는 훌륭하나 주관적으로는 관심

없는 팀이 왔다면 공연은 보러 갔을지도 모르겠다. 그러나 오아시스인 것이다. 오아시스. 영국에선 거지도 따라불렀다는 'Stand By Me'를 만든 그 오아시스 말이다. 내 인생의 음반에 〈Definitely Maybe〉와 〈(What's The Story) Morning Glory?〉를 추가해준 장본인 아닌가. 게다가 나로서는 최초로 월드와이드 록스타와 대면할 수 있는 기회였다. 야심이 불타오른 건 너무나 당연하다. 옛날 잡지를 뒤지고 웹서핑을 해서 그들의 히스토리를 꿰찼다. 그래. 기자회견에서 영국에서도 한번도 들어보지 못했을 날카로운 질문을 던지자며 나는 고3때 만큼은 아니지만 적어도 대학졸업하고 나서는 가장 맹렬히 공부를 했다. 최적의 컨디션을 위해서 기자회견장인 W호텔까지 나를 태워줄 친구도 섭외하는 걸 잊지 않았다. 감히, 무려 리무진을 기사를 둬서 끌고 다니는 노엘 갤러거를 만나러 가는데 지하철이 왠말이란 말인가.

친구는 약속한 시간에 오진 않았고, 30분 정도 늦게 왔다. 평일 오전의 강변북로를 달리면 충분히 기자회견 시간에 도착할 수 있을 터였다. 차가 출발했다. 2월의 하늘은 쾌청했고 강변북로는 시원시원하게 뚫려 있었다. 동생은 능숙하게 핸들을 돌리고 열심히 액셀러레이터를 밟았다. 거의 도착했다 싶을 무렵, 길이 어쩐지 이상했다. 아뿔싸, 광장동으로 빠진다는 게 천호대교를 건너고야 만 것이다. "형, 괜찮아요. 다리 건너서 바로 유턴하면 되

지 뭐"라며 나를 안심시키려 했지만 헛일, 시간은 10분밖에 남지 않은 걸. 게다가 천호대교를 건넜건만 유턴할 곳은 보이지 않았다. 에라 모르겠다. 저기서 돌려버리지, 하며 핸들을 돌린 곳이 올림픽 공원. 그래 여기서 총알처럼 밟으면 가까스로 도착할 수 있겠구나, 생각한 찰나 저 앞에서 우리를 부르는 손짓이 보였다. 젠장, 상습 불법 유턴 지역이어서 경찰이 아예 상주를 하고 있는 곳이었다. 덫에 걸린 곰이 된 심정, 이라고 느끼기도 전에 시계를 봤다. 시작 6분 전. 게다가 이놈이 마침 면허증도 안갖고 있어서 경찰은 꼬치꼬치 이런저런 신상정보를 캐물었다. 신상정보가 하나씩 튀어나올 때마다 1분씩 걸리는 듯했다. 다음부터 조심하라는, 경찰의 상습적 인사말이 끝났을 때는 노엘이 회견장으로 걸어 들어오고 있을 시간이었다. "그래 이왕 딱지 끊은 거, 속도 위반도 하자. 그런데 벌금은 반땡이다?"라며 후배를 다그쳐 W호텔에 도착했다. 헐레벌떡 달려 회견장으로 들어갔다. 아아, 보통은 사진이고 잘해야 동영상, 어쨌거나 2차원의 세계에서만 보던 노엘이 뚜렷한 3차원으로 딱 일곱걸음 앞에서 강한 맨체스터 영어로 사람 좋게 농담 따먹기를 하고 있는 것이다. 다른 기자들이 질문을 던지는 동안 나는 숨을 고르며 뇌까렸다. 오오 신이시여. 나는 이 날을 위해 태어났나이까.

늦게 온 주제에 오자마자 질문하면 좀 그러니까 질문 두개만 기다렸다가 해야지, 라고 나는 예의바르게 생각했다. 과연 어떤 질문을 해야 궁금증의 핵심을 해결하면서도 더없이 날카로워서, 음악 못지않게 말빨도 세계 최강인 저 형님에게 깊은 인상을 남겨줄까, 라는 소박한 고민도 했다. 그때였다. 진행을 맡은 직원은 회견 종료를 알렸고, 노엘은 따뜻한 미소와 함께 총총, 회견장을 빠져나갔다. 아악, 고3때 만큼은 아니지만 적어도 대학졸업하고 나서는 가장 맹렬히 했던 공부는 대체 뭐란 말인가. 지각해서 수능시험을 못 본 수험생의 마음이 과연 이럴 것인가. 그것은 좌절이었다.

그러나 인간지사 새옹지마라 했던가. 공부의 신은 나를 버리지 않았다. 음악의 신도 나를 도왔다. 다른 기자들이 모두 회사로 들어가버리고 나혼자 호텔에 남아있었다. 직장이 있는 것도 아닌데 어디서 시간을 때우겠는가. 그냥 음반사 사람들이랑 노닥거리다가 함께 공연장으로 향할 예정이었다. 그들과 함께 밥을 먹는데 어느 분이 이러셨다. "있다가 리엄 갤러거랑 같은 차타고 가시면 되겠네요." 말인즉슨, 나머지 멤버들은 사운드 체크를 위해 기자회견 끝나고 다 공연장으로 향했는데 리엄은 목소리를 아낀다고 호텔에 있다가 나중에 출발한다는 것이다. 그와 같은 차를 타고 공연장으로 가라는 것이다. 공부의 신이시여, 음악의 신이시여, 그저 감사하고 또 감사합니다. 음, 공물로 제 1년치 수명쯤은 바칠 수 있어요.

한시간 정도 지났을까, 호텔 로비로 갔을 때 저 멀리서 리엄이 차로 향하고 있었다. 아니 잠깐, 이 상황이 단지 나와 리엄이 같은 차를 타고 공연장까지 가는 것으로 끝나는 걸까? 아니지 아니야, 이건 기자회견을 넘어서 무려 전세계 독점 인터뷰가 되는 거라고. 심박수가 110에서 150으로 급등했다. 우심방인지 좌심방인지, 하여튼 그 동네에서 뿜어져 나오는 피를 타고 아까 노엘에게 하려다가 못한 질문들이 뇌의 이곳 저곳을 휘젓고 다녔다. 리엄이 밴에 탔다. 어느 자리에 앉아야 하나 망설였다. 우리가 타고 갈 밴에는 이미 리엄의 매니저가 조수석에 앉아 있었고 중간자리와 뒷자리가 남아있었다. 남은 일행은 모두 세명. 나와 음반사 직원과 통역. 나빼고 다 여자였다. 이때 직원분, 나에게 리엄과 같은 차를 타고 갈 것을 제의했던 그분께서 심박수 폭발, 혈액 콸콸, 왠지 혈당과 간수치까지 높아질 것 같은 한마디를 날리셨다. "리엄 옆에 앉으세요." 그말을 듣자마자 나는 차에 올라 리엄의 옆에 앉았다. 그것은 아마도 뼈다귀를 흔드는 주인 앞에 소파에서 달려와 무릎꿇는 강아지의 행동과 비슷했을 것이다.

어쨌거나, 그리하여 리엄의 옆자리에 앉게 됐다. 그는 '쩍벌남'이었다. 거의 부장님 수준으로 다리를 벌리고 앉은 그의 다리는 자연스럽게 내 다리랑 닿았다. 차에는 그가 공연 때 입을 의상이 걸려 있었다. 바람과 함께 살랑살랑, 내 머리를 스쳤다. 그때까지만 해도 짧은 영어실력을 총동원해서 무슨 질문을 해야할지를 한단어 한단어, 되뇌이고 있었다. 우선 인사부터 하자. 헤이 미스터 갤러거, 나이스 투 미츄. 껌을 씹으며 팔짱을 끼고 있던 리엄은 누가 봐도 하나도 안 반가운 표정으로 예. 미투. 라고 대답하며 역시 누가 봐도 하나도 안 반가운 동작으로 손을 내밀었다. 우리 알잖아, 리엄은 원래 안하무인과 좌충우돌의 대명사라는 거. 일찍이 오아시스를 점찍었던 크리에이션 레이블의 앨런 맥기가 갤러거 형제를 길들인 걸 그토록 자랑스러워하고, 대영제국의 토니 블레어 총리도 갤러거 형제를 실제로 만나게 될까봐 겁냈다는 거. 그런 리엄인데 누가 봐도 하나도 안 반가운 표정이면 어때. 그가 손을 내민 건데. 나는 기사 작위를 내리는 여왕이 내민 손에 정중히 입맞추듯 리엄의 털복숭이 손(분명히 진화가 덜 됐음에 틀림없는)을 부여잡고 입을 맞춘 건 아니고, 악수를 했다. 그 순간 쿠구구구구궁, 정신 한구석에서 크레바스가 무너지는 소리가 들렸다. 언어의 눈사태가 일어난 것이다. 한단어 한단어 되뇌고 또 되뇌였던 질문들이 순백의 파도를 타고 우주 저 멀리 날아가버렸다. 남은 것은 발자국 하나 없는 하얀 대평원이었다. 그러거나 말거나, 리엄은 뻘쭘하게 앉아서 껌을 씹으며 팔짱을 끼고 있다가 자기도 영 심심했는지 매니저에게 휴대폰을 달라고 해서 어디론가 전화를 걸었다. 영국에 있는 아들이었다. 역시 누가 봐도 하나도 안 반가운 표정으로 무심히 학교는 갔다왔니, 그래 어땠니, 이런 얘기를 나누며 아버지로서의 면모를 과시했다. 그렇다. 우리의 로큰롤 스타 리엄은 옆에 앉아 있는 생면부지의 동양남자 따위 눈꼽 만큼도, 아니 눈꼽을 원심분리기에 돌려 얻은 파편만큼도 관심이 없는 것이다. 게다가 얼굴마저 하얗게 질려 땀을 질질 흘리는, 누가 뭐라한들 자신의 록스타 아우라에 압도된 게 분명한 패배자 따위에게 배려를 할 필요도 이유도 없다. 나는 조용히 뒷자리로 향해 숨을 골랐다. 침묵의 10여분이 이어졌다. 여전히 심박과 혈압은 진정되지 않았다. 얼굴도 아마 아직 혈색이 없거나 과도하게 붉어져 있었을 것이다. 밴은 공연장에 도착했다. 차문이 열렸고 리엄이 내렸다. 그는 그 자리에 서서 통역이 안전하게 내릴 수 있도록 에스코트했다. 여태까지 한번도 보지 못했던 영국신사의 풍모가 일순 퍼졌다. 그리고 내가 내릴 차례, 그는 여전히 껌을 씹으며 팔짱을 끼고 있었다. 과연, 동양남자로 태어나서는 안되는 것임을 나는 깨달을 수 있었다. 게다가 영어도 못하는 동양남자라면 끊어진 기타줄과 동급이라는 것도. 다음날 나는 성전환수술과 영어학원등록을 사뭇 진지하지 않게 고민하다가 영어학원에 등록했고, 3일만에 관두고야 말았다. 공부의 신이 잠시 오셨다가, 상처받고 떠나갔으니까.

..

동양남자의 저주

카페를 그리 좋아하지 않는다. 누군가와 함께 마주 앉으면 뭔가를 마셔야 하고, 술도 아닌 커피를 몇시간 동안 몇잔씩 마셨다가는 밤새 화장실을 들락거릴 게 분명하기 때문이다. 수다란 그저 밥이나 술이 함께 해야지 고작 커피나 차 따위로 무슨 호연지기를 키우고 운우지정을 나누겠는가, 생각하는 것이다. 그러나 카페를 자주 간다. 아마 왠만한 언니들 보다 더 자주 갈 것이다. 사무실도 없고 작업실도 없는 처지인지라 카페를 작업실처럼 쓴다는 이유다. 혼자서 노트북을 켜놓고 아이스 카페라떼를 홀짝거리고 있자면 영락없이 된장남이 된 기분이지만, 그래서 뉴욕타임스라도 한부 옆에 놔둬야할 것 같지만 어쩔 수 없다. 된장남이 되는 걸 피하기 위하여 대낮에 집에서 일을 했다가는 하루종일 야동이나 쳐보기 십상이니. 대낮에 방문을 걸어 잠그고, 소라 아오이와 함께 하악하악대는 서른셋의 사내란 누가 봐도, 무엇보다 스스로 보기에도 오타쿠 히키코모리에 다름 아닌 것이다. 막장도 그런 막장이 없다. 오타쿠가 될 바에는 된장남 놀이를 하는게 당연하게도, 훌륭하다.

펜타포트를 며칠 앞둔 날이었다. 역시 된장남 놀이를 하며 홀로 카페에 앉아 있었다. 마감은 세달동안 한번도 안치운 대관령의 눈처럼 쌓여 있었지만 네이버 악플 따위를 보며 시간만 죽이고 있었다. 누군가가 어깨를 쳤다. M이었다. M으로 말할 것 같으면 알고 지낸지 10년쯤 되는 처자로 함께 홍대앞에서 20대의 중반부터 30대 중반까지를 함께 보내는 처지다. 그녀가 전에 무슨 일을 했더라, 기억나지 않는다. 하지만 그전에 술자리에서 뭐하고 놀았더라, 1시간 정도는 이야기할 수 있다. 그런 관계였다. M은 몇 년전 홀연히 영국으로 떠났다. 유학이나 어학연수, 이런 건 아니었고 그야말로 정처없이 떠났다. 여행이라고 하기엔 좀 길고 이민이라고 하기엔 너무 짧은 시간동안 그곳에서 M이 무엇을 하고 지냈는지 제대로 들은 적이 없었다. 그냥 공부하고 일하고 그랬겠지 뭐, 정도였다. 단둘이 만나서 수다떠는 관계도 아니었으니 제대로 물었던 적도 없다.

그러고보니 M과 단둘이 한 공간에 있는 건 그날이 처음이었다. 때가 때인 만큼 물었다. "펜타포트 가냐?" "당연하지." 수다는 그

* I look back on where I'm from look at the women I've become~♪

* ⟨Wig in the box⟩
Song by Hedwig.

렇게 시작됐다. "너 내 친구 중에 잭이라고 있는 거 알아?" "어 모르지." "걔가 케미컬 브라더스 매니저거든." 헉, 케미컬 브라더스, 케미컬 브라더스, 케미컬 브라더스의 매니저를 친구로 두고 있는 사람과 내가 친구라니. 이런 말도 안되는 일이. "걔가 이번에 원래 한국 같이 오기로 했었는데 후지록 페스트로 바로 넘어가야 한다고 못온다는 메일을 보냈어." 게다가 메일까지 주고 받는 사이란 말인가. "대신 자기가 내 이름을 AAA(All Access Area) 명단에 넣어줄테니까 친구들이랑 같이 백스테이지 가서 케미컬 브라더스랑 인사하라고 하더라." ……………… 이쯤되면 할 말이 없어진다. "그런데 잭이 있으면 모를까, 내가 생뚱맞게 가서 인사하기는 뭐하잖아. 그래서 그냥 구경만 하려고." 기자회견 같은 딱딱한 자리도 아닌 대기실의 케미컬 브라더스를 보다니, 아아 이것은 3대에 걸쳐 덕을 쌓지 않으면 절대 불가능한 행운 아닌가. "그런데 말이야, 너무 비현실적인 상황이라서 믿어지지가 않거든? 대체 어쩌다가 그런 거물과 친구가 된 거야?"

장소는 당연히 런던, M은 학교를 다니며 바에서 아르바이트를 하고 있었다. 바란 자고로 이런저런 단골 손님이 있기 마련. 그 중 한명이 음악을 좋아하는 M의 눈에 들어왔다. 꽤 자주 오는 그는 올 때마다 밴드 티셔츠 아니면 록 페스티벌 기념 티셔츠를 입고 있었다. 저 인간은 대체 뭐하는 사람이길래 만날 저런 티셔츠만 입고 다니나 궁금했던 M은 그와 안면을 트게 됐고 살짝 친해졌다. "잭, 전부터 궁금한게 있었는데, 너 무슨 일 하길래 만날 음악 티셔츠 입고 다녀?" "아, 나 뮤직 비즈니스에서 일해." "구체적으로 어떤?" "어 밴드들 프로모션하고 발굴하고 그런 쪽." "아 그렇구나. 그럼 니가 관계된 회사에서 제일 큰 아티스트가 누구야?" "음…. 알런지 모르겠는데, 케미컬 브라더스라고 있어." 헉, 케미컬 브라더스, 케미컬 브라더스, 케미컬 브라더스의 매니저라니. 순간 M은 생각했다. '아싸, 로또구나!' M은 평정심을 잃지 않고 자연스럽게 "아, 케미컬 브라더스 나도 좋아하지" 정도로 그 순간을 넘겼다. 우아하고 현명한 대처였다. 자칫하다가는 그루피 취급당할 수도 있는 순간 아닌가. 셀러브리티 앞에서는 놀라거나 쫄지 않는 게 오히려 그쪽에 접근하기 위한 좋은 방법이라는 걸 M도 알고 있었던 것이다. M과 잭은 그후 몹시 친해졌다. 알바가 끝난 후 잭의 친구들과 어울려 술을 마시고 같이 노는 그런 사이가 됐다. 그때 M이 같이 놀았던 사람들 중 한 팀만 대라면 예컨데 프라이멀 스크림이랄까, 뭐 그 정도였던 것이다.

"그런데 말이야. C언니 알지? 음반사 다니다가 영국으로 건너간 언니. 그 언니가 요즘 영국에서 베이스먼트 잭스랑 사귄데." 헉, 이번에는 친구도 아니고 연인이다. 그것도 베이스먼트 잭스랑. 아아, 조만간 C언니를 〈더 선〉이나 〈NME〉쯤에서 사진으로 만

나는 건가. "아니 어떻게 그런 일이 생길 수가 있는거지? 케미컬 브라더스 매니저랑 친구가 되지 않나, 베이스먼트 잭스의 연인이 되지 않나. 이런 말도 안되는 일이 이렇게 아무렇지도 않게 일어나도 되는 거야? 세상은 원래 그리 간단했던 거야? 응? 정말 그런 거야?" "평생 음악을 좋아하다보면 그런 행운도 생기더라구." "나는 말이야. 평생 음악을 좋아했고 거의 하루 종일 음악을 듣고, 심지어 음악과 관련된 일을 하는데도 그런 행운은 커녕, 리엄 갤러거에게 무시나 당하고 그랬단 말이야. 뭔가 너무 불공평하지 않아? 아니, 미친듯이 불공평한 거지." M은 2초도 고민하지 않고 말했다. 단호하게 웃으면서. "넌 남자잖아." 그렇다. 나는 남자인 것이다. 그것도 동양남자. 세계 어디에서도 고국 정도를 제외하고는 인기없고 천대받는 동양남자. 과연, 왕년에 LA 건스 한국 팬클럽의 한 회원이 그들의 공연을 보러 미국에 갔다가 백스테이지에 초대받고, 심지어 멤버 중 하나와 결혼에 골인까지 했다는 훈훈하고 아름다우며 감동적인, 레전드급의 전설은 그 주인공이 바로 '동양 여자'였기 때문에 성립할 수 있었던 거란 말인가. 하기야, 동양남자랑 결혼한 여자 록스타의 소식은 들은 적도 없었지. 3대에 걸쳐 저주를 받지 않는 한 태어날 수 없다는 동양남자는 3대에 걸쳐 쌓은 공덕 때문에 케미컬 브라더스 매니저와 친구가 된 동양여자에게 비굴하게 말했다. "그런데…. 나도 AAA 패스 구할 수 없을까? 요 커피값 내가 계산할까? 응?" 다시 태어난다면 반드시 동양여자, 그것도 음악을 좋아하는 동양여자로 태어나겠다고 굳게 다짐하면서.

형님의 실수

"마시자." 잔을 들기가 무섭게 J형님은 잔을 벌컥벌컥 비웠다. 단숨에 소주 공장을 통째로 들이키고 고량주 공장의 파이프라인에 입을 들이댈 기세였다. 맹세컨대 난 형님이 이렇게 달리는 모습을 본 적이 없다. 심지어 고이 가꿔온 회사가 부도위기에 몰렸을 때도 한때의 풍류객다운 젠틀함을 잃지 않았던 형님이었던 것이다. 기쁠 때나 슬플 때나 노여울 때나 억울할 때나 언제나 한결같은 젠틀함. 그렇다. 그것이야말로 풍류를 아는 이의 미덕이라고 드세게 주장해온 J형님 아니었던가. 필시, 무슨 사연이 있을 것이다. 풍류고 나발이고 다 집어치우고 한방울의 술이라도 더 식도로 들이붓지 못해 안달날 수밖에 없는 그런 절체절명의 사건이 있었을 것이다. 형님의 프로필만 보자면 그런 사연과 사건 따위, 결코 있을 것 같지 않았다. 효의 정도를 걷는 슬하의 일남일녀,

감히 50대라 상상할 수 없는 부부간의 금슬, IMF를 극복하고 부채율 0%를 기록하며 화강암처럼 단단하게 자리잡은 회사. 심심풀이로 투자했던 서울 변두리의 부동산이 재개발되며 일가가 사이좋게 앉게 된 돈방석. 그리고 무엇보다, 한량으로 지내던 청춘시대부터 30년간 모아온 보석같은 레코드 콜렉션. 이 모든 게 콘소시엄을 이뤄 형님을 성공한 중산층의 표본처럼 보이게 했다. 대체 무엇이 문제일 수 있단 말인가.

"무슨 일 있으신거에요?" 형님은 마치 고래처럼 한숨을 내쉬었다. 물줄기대신 술냄새섞인 침이 튀겼다. "야, 너 내가 젊었을 때 한량이었던 거 알지?" 나보다 형님의 과거를 잘 알 수 있는 사람이 누가 있으랴. 통기타 문화의 전성기였던 1970년대, 다운타운의 음악 살롱들을 주름잡으며 가수가 되겠다는 청운의 꿈을 키우던 형님의 청춘 말이다. 비록 그 시대를 소상하게 그린 책〈한국 팝의 고고학 1970〉에는 이름 석자 나오지 않지만 시대를 막론하고 어느 무명 가수나 팬은 있는 법. 따라서 주말은커녕 평일의 첫 무대에나 간신히 오를 수 있는 레벨이었으나 시대를 막론하고 뮤지션에게 따라 붙기 마련인 여성팬 깨나 거느렸던 형님이었다. 아니, 본인은 '여성팬 깨나' 라고 굳이 힘주어 말하곤 하지만 '깨나' 라는 단어를 사용하려면 그래도 주말 공연 정도는 뛸 레벨은 되어야 하니 실상은 '여성팬 몇명 정도'라 해야 맞을 것이

다. 50대가 되도록 잉꼬같은 금술을 자랑하고 있는 형수님도 몇 명 정도의 여성팬 중에서 선택된 분. 역시 어느 시대를 막론하고 그러기 마련이듯 형님과 형수님의 연애 시절은 원웨이 티켓이었다. 형수님이 형님을 먹여살리다시피 했단 얘기다. 먹여만 살렸으면 그나마 다행이다. 보석같은 레코드 콜렉션의 초석도, 파이오니어 앰프와 JBL 스피커도 역시 형수님이 불철주야 과외 알바를 뛰었던 결과다. 궁중예술가와 공작부인의 관계였던 것이다. 아낌없는 후원에 궁중예술가는 공작부인과 결국 사랑의 결실을 맺어 가정을 이뤘다. 형님은 그 길로 다운타운을 탈피, 고도 성장기를 구가하던 당시의 사회에 어렵지 않게 편입하여 성공한 중산층으로 가는 길을 스텝 바이 스텝, 걸어오며 오늘에 이르렀다. 이런 순결한 과거에 어찌 티끌 하나 끼어들 틈이 있을까. "있어 임마. 한량 시절 여성팬 깨나 있었던 게 문제야." 형님은 두번 연속 잔을 꺾었다. 박찬호의 전성기 직구 같은 속도로 단숨에. "걔들 중에 하나랑 결혼한 후에도 가끔 만나다가 그만 술김에…." 아뿔싸, 형님의 호적에는 효의 정도를 걷는 일녀일남외에도…. 꿀꺽, 족보가 그러지고 가계도가 펼쳐졌다. 뭐, 어쨌든 청춘의 실수였던 것이다. 그럼에도 그 실수의 결과를 내팽겨치지 않았던 형님의 의리를 찬양…하고 싶지는 않았다. 역시, 찬양할 게 따로 있는 것이다.

"그 사실을 와이프가 최근에 알았지 뭐냐." 눈앞에 훤했다. 무릎을 꿇고 있는 형님. 믿었던 궁중예술가에게 배신당한 공작부인처럼 울부짖는 형수님. 뭐, 그렇고 그런 상황 말이다. 비극의 절정은 단연코, 형수님이 과외 알바로 초석을 마련한 보석같은 레코드 콜렉션과 앰프 등이 마당에서 박살나는 풍경이었다. 아아, 보석같은 레코드 콜렉션이 검은 연기 흩날리며 녹아내리고 파이오니어와 JBL이 무참히 고철덩어리가 되어 리어카에 실려 어디론가 사라지다니. 형님의 상황이야 어쨌거나 그 풍경은 상상만으로도 가슴이 아렸다. 나또한 소주잔을 단숨에 꺾어버렸다. 기회를 봐서 슬쩍하려고 했던 핑크 플로이드의 원판들이 불타버렸기 때문이다. 얼마전 만난 한 중견 가수는 "음악하는 사람들이 약과 술은 끊어도 여자 끊기는 힘들어"라고 담담히 말했다. 과연, 형님도 음악하는 사람이었구나. 그래서 그런 실수를 저질렀던 게로구나. 다시는 그런 실수를 저지르지 않으려 일평생 술자리에서 젠틀함을 지켜왔던 게로구나. 젊음의 빈 노트에 끄적거렸던 낙서 한줄이 20년 뒤 부메랑처럼 날아와 이 초로의 청춘백서를 뜯어가버린 게로구나.

우리는 남아있던 술을 역시 단숨에 비워버렸다. J형님의 눈가에 습기가 차오르기 시작했다. "역시 형수님하고 자식들한테 미안한 거에요?" "LP들과 오디오…. 나에게도 청춘이 있었다는 흔적이 온데간데없이 사라져버렸어." 차오르던 습기가 그렁그렁해지더니 뚝뚝, 소리라도 낼 듯이 흘러내렸다. 누가 들으면 욕먹기 딱 좋았겠지만 나는 이해할 수 있었다. 완전히는 아니어도 어느 정도는. 난데없이 예전에 최성국을 만났을 때 그가 했던 말이 떠올랐다. "바람? 난 절대 안걸려요. 알리바이가 완벽하거든." 이 말이 왜 떠올랐는지는 모르겠으나 아무튼, 형님은 그 뒤로 음악을 듣지 않는다. 최신 음악은 원래 안들었으니까 그렇다치고 흘러간 올드팝도. 굳이 묻지 않아도 그 까닭이 그 노래들을 들을 때 마다 하늘로 올라가던 검은 연기가 눈에 들어오는 듯하기 때문임은 완전히 알 수 있다. LP라는 박제로 오랫동안 남아있던 J형님의 청춘이여, 대기권쯤에서 영면하시라.

노래방 언더그라운드

한동안 고민했다. 사실은 지금도 고민한다. 왜 어른들은 새로운 음악을 듣지 않을까. 파리스 매치를 만났을 때 "우리의 팬은 주로 30~40대기 때문에 그래도 mp3로 음반 판매량이 줄어들지는 않는 편"이라는 이야기를 들었을 때는 정말 부러웠다. 메탈리카의 공연장에 운집한 30대 남성들을 보면서 왜 이들은 지금의 록은 듣지 않는 것인가, 다시 한번 생각하게 됐다.

고민 끝에 내린 가설은 이렇다. 사실, 고민할 것도 없다. 이런 문제로 인터넷에서 논쟁이라도 붙으면 어김없이 등장하는 내용이기도 하다. 먹고 살기도 힘들어 죽겠는데 무슨 새로운 음악을 찾아 듣겠으며, 애새끼들 학원비 대기도 죽겠는데 CD 한장 살 돈이 어디있냐는 것이다.

전자는 일단 접어두고, 후자에 대해서는 좀 솔직해졌으면 하는 바람이다. 술 한번 덜 마시면 CD 몇장 살 수 있다는 건 우리 모두 잘 알고 있다. 범부의 삶이란 게 다 그렇듯 그저 자기 합리화일 뿐이라 생각한다. 그렇지 않다면 하다못해 왜 푸르나를 돌려도 SG 워너비를 비롯한 일련의 소떼들이 창궐하고 있겠는가.

다음, 먹고살기 힘들어 음악들을 여유가 없다는 것. 이건 뭐라 할 말이 없다. 청년실업이 어쩌고 저쩌고 국제유가가 사상최고치 어쩌고 저쩌고 하는 세상에 새로운 음악을 찾아 이곳저곳을 헤매기를 바라는 건, 한량의 사치다.

그러나 참을 수 없는 게 있다. 들을 음악이 있어야 듣지! 라는 되도 않는 소리다. 이건 반쯤은 방송의 잘못이다. 들을 음악이 없는 게 아니라 들리는 음악이 없는 것이다. 어딜가도 역시 SG워너비를 비롯한 일련의 소떼들이 창궐한다.방송뿐만 아니라 카페와 술집, 심지어 주유소와 가전제품 대리점에서까지 쉴새없이 목동의 노래다. 왜들 그리 소 울음소리를 좋아하는 것인가. 소가 가장 큰 재산이었던 농경문화의 잔재인가. 우승하면 황소를 주던 씨름을 국기로 삼고 있기 때문인가.

아무튼, 상황이 이렇다보니 들을 음악이 없어 보이는 것도 무리는 아니다. 하지만 꼭 그럴까. 아무리 라디오를 연예인들의 신변잡기와 청취자들의 노래방이 장악했다고는 하나, 여전히 음악방송들은 존재한다. 문제는 청취율이 낮다는 것이다. 들을 음악이

없다고 짜증내는 사람들은 왜 새로운 음악을 틀어주는 음악방송은 듣지 않을까. 바로 이 지점에서 생각이 막혔다. 뭔가 근본적인 문제가 있지 않을까.

이런 쓸데없는 생각을 하던 중 청취자 노래방으로 거의 모든 시간을 때우는 트로트 프로그램을 겪었거나 겪고 있는 방송 스탭들과 식사를 하게 됐다. 그들에게 삶의 애환을 듣던 중 무릎을 치고야 말았으니, 노래방 프로그램이야말로 한국 음악신의 숨은 열기가 고스란히 드러나는 현장이었던 것이다.

버스를 타고 가면 어김없이 노래방 프로그램이 흐른다. 여기서 일반 청취자가 노래를 한곡 부르기 위해서는 평균 세달을 대기해야 한다. 〈전국 노래자랑〉처럼 전국의 시청자들이 지켜보는 무대에 올라 모든 노래를 고고리듬으로 편곡해서 연주해주는 전속 악단의 반주에 맞추는, 나름대로 대형 스케일의 방송이라면 모를까. 고작해야 노래방 반주에 맞춰 노래방에 등록된 노래를 마이크 대신 전화기를 붙잡고 불러야 하는 이런 아담한 방송에서도 석달의 대기기간을 가져야 하는 것이다. 게다가 세상의 어느 업계와 마찬가지로 노래방 프로그램 신에도 '꾼'들이 있기 마련이다. 그러니까 한국의 모든 방송에 편성되어 있는 노래방 프로그램이란 노래방 프로그램마다 모두 전화를 걸어 출연 기회를 얻는 사람들이다.

전파가 개인을 위한 것이 아님에야 이런 자들은 일종의 블랙리스트에 오르기 마련. 자연스레 스튜디오에는 이런 상황이 발생한다. "따르르릉." "예, 한낮의 노래방입니다." "전 가리봉동 사는 허봉수라고 하는데요. 강진의 '땡벌' 한 곡 부르려고요." "가리봉동 사는 허봉수씨 또 전화하셨어요? 매일 전화하시면 곤란하다고 말씀드렸잖아요." 이윽고 다시 전화가 온다. "예, 한낮의 노래방입니다." "전 가리봉동 사는 허봉수가 아니고요. 온수동 사는 최훈이라고 합니다." "…." 이쯤 되면 모든 고민이 명쾌히 풀릴 수밖에 없다. 우리의 아저씨 아줌마들은 노래를 듣지는 않아도 노래를 부르고 싶어 미치는 것이다.

그러고보니 요즘 고등학생들은 음악감상을 위해서가 아니라 노래방에서 부르기위해 최신유행가를 다운받는다는 얘기도 들었다. 노래를 잘부르는 가수의 기준이 노래방에서 불렀을 때 간지나는 목소리와 창법의 소유자로 변한다는 얘기도 들었다. 일순 섬뜩했다. 그들도 나이를 먹으면 전화통을 붙잡고 최신유행 트로트를 부르려나. 지금은 SG워너비를 따라서 노래방에서 꺾고, 그 때는 관광나이트 카바레 가수 노래를 따라서 노래방 프로그램에서 꺾으려나. 그렇게 꺾고 또 꺾다가 여생을 보내려고 하나. 부르기 위해 듣는다니.

하긴 언젠가부터 우리는 남의 얘기를 듣기보다는 자기 얘기를 못해서 안달이 난 것 같다. 너무 많은 주장이 홍수처럼 난무한다. 대부분 충분한 근거없이, 인터넷에 떠도는 정보 쪼가리만 가지고 모든 게 야당 탓이고 모든 게 여당 탓이라는 얘기를 서슴없이 내뱉는다. 그 과감함은 실로 놀라울 정도다. 음악도 마찬가지다. 모든 예술과 문화는 사회를 반영한다고 하더니, 듣는 사람 짜증만 나게 하는 노래방 프로그램에 바로 21세기 대한민국의 자화상이 숨어있을 줄이야. 과연, 언더그라운드의 세계는 놀랍다. 이것이 대중의 무의식인가.

소리없는 손뼉

2007년 3월 7일, 눈이 펑펑 내렸다. 한창 눈이 오던 연말연시를 동남아에서 보냈으니 겨울이 지나고서야 첫눈을 본 셈이다. 그 정도로 눈이 내리면 왠만해선 바깥에 나가지 않는다. 하지만 한 시간 가까이 지하철을 타야하는 나름대로 먼길을 향했다. 잠실 체육관에서 열리는 뮤즈의 내한 공연을 보기 위해서였다.

뮤즈는 비교적 최근 등장한 록 밴드들 중에서는 보기 드물게 본 국인 영국 못지 않은 인기를 한국에서도 누린다. 비록 본국에서 한창 성공가도를 달릴 때인 3집 〈Absolution〉에 담겨있는 'Time Is Running Out'이 CF에 쓰이면서 이땅에서도 지각 인기를 얻었지만, 광고음악 하나만으로 떴다가 사라지는 다른 뮤지션에 비하면 굉장히 꾸준하고 드높다.

네이버 외국 가수 검색 순위에서 이들이 1위를 놓치지 않았던 때가 있었다. 한 게임 방송 프로그램의 로고송으로 쓰였던 'Super Massive Black Hole'이 담긴 4집 〈Black Hole And Revelations〉는 록음반으로서는 이례적으로 1만장이 넘게 팔린 것으로 알려졌다.

1999년 〈Showbiz〉로 데뷔했을 때 이들은 당시 등장한 대부분의 영국밴드처럼 라디오헤드의 아류로 취급받기도 했다. 하지만 그 뒤로 앨범을 낼수록 다른 밴드들과는 달리 자신들의 정체성을 쌓아왔다. 애초에 이들이 속해있던 영토는 브릿팝, 또는 90년대 모던록에 한정되어 있었다. 하지만 그 영토를 계속 넓혀왔다. 우리나라에서도 이들의 팬이 비단 모던록 애호가에 한정되어 있지 않은 이유도 바로 그 넓은 영토에 있다.

뮤즈는 라디오헤드의 감성과 퀸의 드라마틱함, 헤비메탈의 과격한 사운드를 모두 갖고 있는 밴드다. 화려한 기타 솔로가 지나가면 아름다운 멜로디가 아무렇지도 않게 이어진다. 과격하게 울어댄다, 라 설명할 수 있는 매튜 벨라미의 보컬은 청승맞지만 공격적이다. 가성으로 일관하면서도 목소리에 담겨있는 파워는 여느 록보컬에도 떨어지지 않는다. 그러니, 헤비메탈부터 모던록 팬까지 그들의 음악에 열광할 수밖에 없는 것이다.

뮤즈는 모던록의 감성을 심으로 삼고, 헤비메탈의 사운드를 나무삼아 이를 감싸고, 프로그레시브록의 드라마틱한 구성으로 색

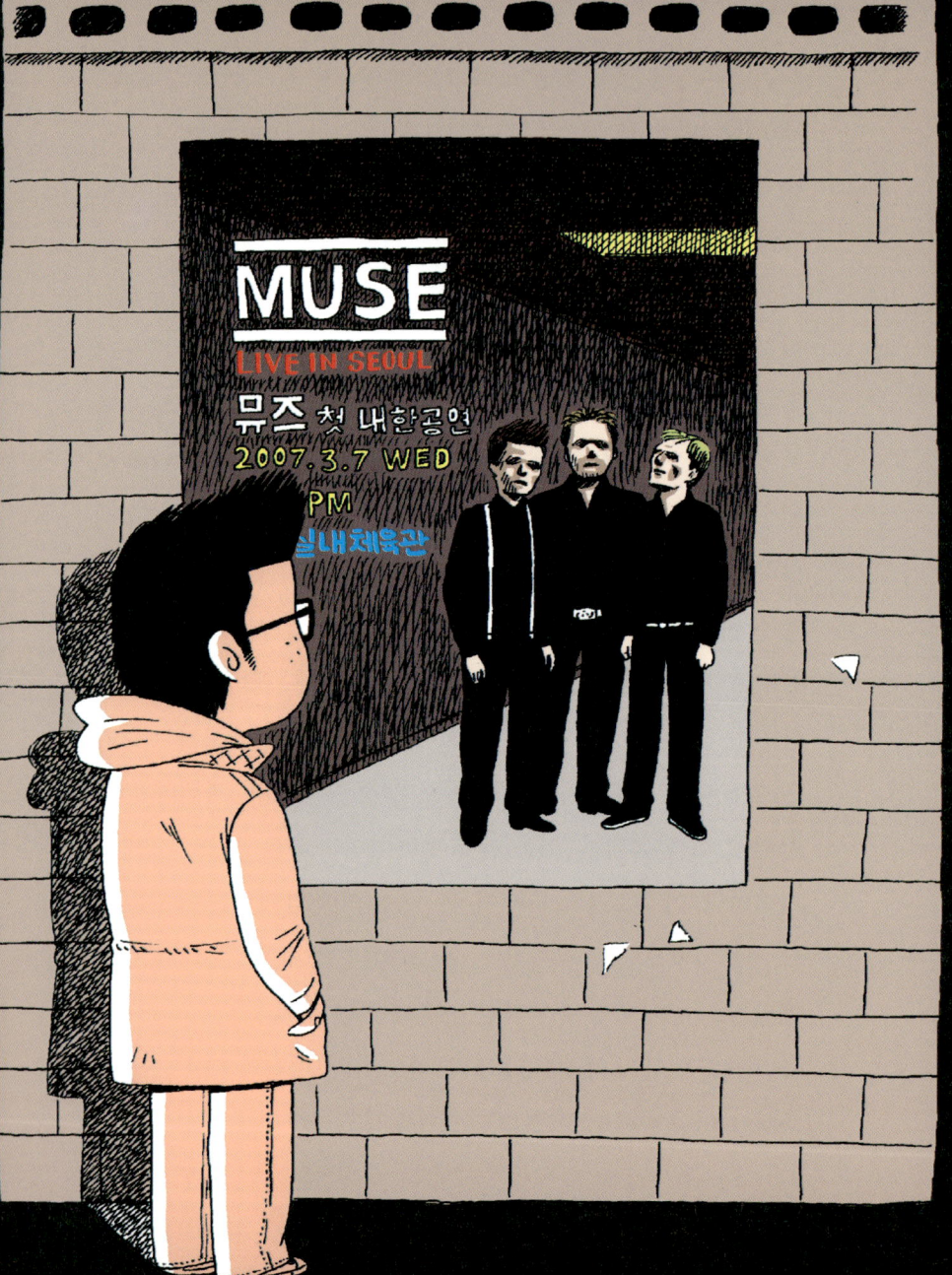

을 입힌 연필 같은 음악을 들려준다. 이점은 우리나라의 록밴드들이 보다 많은 대중성을 획득하기 위해 참조해야할 사항이기도 할 것이다. 남성호르몬과 여성호르몬이 동시에 분비되는 음악, 그게 뮤즈의 핵심이다. 강(强)과 유(柔)의 오의를 동시에 체화하고 있는 것이다. 해를 거듭할수록 뮤즈의 주가가 오르는 이유는 분화에 분화를 거듭하는 현재 록의 추세와는 달리, 이들은 통합의 길을 달리고 있기 때문인지도 모른다.

뮤즈의 내한 공연이 확정되고, 아마 이들의 앨범을 산 사람보다 더 많은 인원이 예매사이트에 몰렸다. 티켓오픈과 동시에 스탠딩 구역이 매진됐고 예매사이트 순위에서 동방신기와 1위 자리를 다투기도 했다. 그런 예매전쟁을 거치고 눈보라를 뚫고 잠실에 도착한 사람들이 7천여명. 지방 관객들이 대절한 버스도 적잖이 공연장 앞에 세워져 있었다. 2000년대에 전성기를 누리고 있는 해외밴드로서는 단연 압도적인 인원이었다. 그리고 공연 예정 시간인 8시를 약 30분 정도 넘겨 무대에 불이 꺼졌다.

그렇게 시작된 뮤즈의 첫 한국공연은 광란의 진혼미사에 다름 아니었다. 검정 연미복을 입고 등장한 매튜 벨라미는 그 미사의 지휘자였다. 그는 한순간도 몸을 가만히 두지 않았다. 첫곡 'Take A Bow'부터 마지막 곡 'Knight Of Cyclonia'까지 그는 뛰고 춤추고 흔들었다. 공연 중반 기타를 놓고 피아노를 치며 노래할 때는 리스트를 존경한다는 평소의 언급대로 여느 클래식 피아니스트 못지 않은 광기를 뿜어냈다. 누가 록밴드의 공연에, 특히 모던록 밴드의 공연에 액션이 없다고 했는가. 뮤즈는 그런 선입견을 일거에 날려버리고도 남았다. 과연, 최고의 라이브 밴드라는 소문은 정확했다. 명불허전 그 자체였다.

하지만 매튜 벨라미가 그렇게 무대를 휘젓고 마음껏 연주하고 싶은 걸 연주할 수 있었던 건 탄탄한 리듬 섹션이 뒷받침되기 때문이었다. 크리스 볼첸홈은 단순히 리듬만 연주한 게 아니라 온갖 이펙터를 동원해가며 기타의 영역까지 수행했다. 시종일관 난타에 난타를 거듭하는 도미닉 하워드의 드럼은 이들이 헤비사운드의 영역까지도 넘나들 수 있는 원동력이었다.

무대 옆에 달린 스피커에서 뿜어 나오는 거대한 소리 못지 않게, 관객들은 거대한 싱얼롱을 무대에 쏘아냈다. 마치 누구의 소리가 더 거대한지 경쟁이라도 하듯, 환호하고 함께 노래하며 박수치고 점프했다. 공연의 하이라이트였던 'Starlight'에서는 스탠딩석부터 3층까지 모두 메튜 벨라미의 동작에 맞춰 함께 박수쳤으며 그뒤에 이어진 이들의 대표곡 'Plug In Baby'에서 객석의 합창은 마침내 무대를 넘어섰다. 거음(트홉)의 지휘자와 성도들이 만들어내는 부흥의 하모니가 때아닌 눈보라에 용암처럼 쏟아졌다. 앙코르까지 모두 마친 매튜 벨라미가 싱긋 웃으며 'See You

Soon'이란 멘트와 함께 퇴장할 때까지.

공연장으로 가는 지하철에서 이어폰을 나눠 낀 20대 중반 커플이 살그머니 박수치고 있었다. 짝 짝짝, 짝 짝짝짝. 짝 짝짝, 짝 짝짝짝. 그 박수가 몇번 반복되었을 때 내 헤드폰에서 'Starlight'이 흘러나왔다. 전세계 어디에서나 뮤즈가 이 노래를 연주할 때 관객과 함께 하는 그 박수를 그 커플도 미리 연습하고 있었다. 나도 조용히 함께 박수치는 시늉을 했다. 그들과 눈이 마주쳤다. 우리는 서로 미소지었다. 공연이 끝나고 밖으로 나오는 모든 관객의 표정은 그런 미소에서 감탄으로 진화해 있었다. 여전히 매서운 바람이 몰아쳤다. 그 누구도 추워 보이지 않았다.

택시

약속시간에 늦을 것 같아 택시를 탔다. 늦은 밤이었다. 보통의 택시 기사는 그 시간에 MBC 라디오나 교통방송을 듣는다. 승객도 그 이상을 기대하지 않는다. 택시 안에서의 안좋은 경험이 있는 사람이라면, 저명하신 목사님의 설교 테이프만 안틀어도 다행이라고 생각하기 마련이다. 나도 그랬다. 떠올리면 치가 떨린다. 설교 테이프를 트는 것으로 모자라 직접 전도일선에 나섰던 기사가 있었다. 처음에는 예 예, 그러면서 응대하다가 고개를 돌리고 대답을 안했더니 "어른이 말하는데 들어야지!"라며 역정을 냈을 때는 당장 문을 열고 내리고 싶었다. 불행히도 택시는 강변북로를 달리고 있었다. 예수쟁이에 꼰대이기까지! 그런 택시라면 다시는 타고 싶지 않을 수밖에 없다.

그런데, "신촌 부탁드립니다"라고 말을 뗀 그날밤은 뭔가 달랐다. 택시안에 클래식이 흐르는 것이다. 그것도 글렌 굴드가 연주하는 바흐의 평균율이 말이다. 특이하게도 93.1을 틀어놓으시는 분이군, 하면서 기사님의 얼굴을 슬쩍 봤다. 아니나 다를까. 인자함과 격조가 풍기고 있었다(나는 평생 들은 음악이 그 사람의 외모에 큰 영향을 미친다는, 놀라운 선입견의 소유자다). 우리는 별 대화없이 기사와 승객이라는 각자의 직무에 충실하게 합정역쯤을 지났다.

어, 그런데 이게 왠일인가. 카오디오에는 '93.1'이라는 숫자대신 'CD'라는 문자가 있었다. CD를 트는 택시 기사도 만나기 힘든데게다가 클래식이라니. 물을 수밖에 없다. "기사님, CD를 트시네요. 클래식 좋아하시나봐요." 아니나 다를까, 회심의 미소가 느껴진다. "네. 유일한 낙이죠." "글렌 굴드 좋아하세요?" "바하는 역시 글렌 굴드 연주로 들어야 진가를 느낄 수 있으니까요." 이 아저씨, 뭔가 대화가 통할 것 같다. 비록 클래식에는 조예가 없지만, 아니 사실은 나의 오타쿠 인생 30년에 비춰볼 때 클래식에까지 손대면 패가망신하기 딱 좋으니 애써 외면하고 있지만 어쨌든 음악이야기가 가능한 택시 기사라니. 그것도 남진과 나훈아의 비교분석이 아니라 바하를 누가 연주하느냐에 따른 감상의 차이를 이야기할 수 있는 기회인데. "그러면 CD도 많이 가지고 계시겠어요." "평생 모은 게 한 7천장쯤 됩니다."

택시는 합정을 지나 홍대입구를 향하고 있었다. "우와, 이런 택시 처음 타봤어요. 저는 베토벤 좋아하거든요." 아차 싶었다. 자칫 "베토벤은 말이죠. 바하에 비하면 소울이 없어요. 이 사람 안되겠구만. 음악을 몰라. 왜 바하가 베토벤보다 위대하냐. 나아가 왜 우리는 바하를 들어야 하냐에 대해 논할 것 같으면…" 이런 식으로 나오면 곤란해진다. 대화의 소재만 바뀔 뿐, 본질적으로는 주님의 성령과 은혜에 대해 일장연설을 늘어놓던 예의 그 기사와 다를 바가 없다. 그러나 이 기사님은 역시 달랐다. 괜히 인자하고 자애로우며 격조까지 갖춘 인상의 소유자가 아닌 것이다. "그러세요? 그러면 베토벤을 들어볼까요? 어떤 작품 좋아하시는데요?" 그는 의자밑에서 가방을 하나 꺼내들어 열었다. 세상에, CD로 가득 차있는 가방이었다. "7번 교향곡 좋아합니다." (순전히 〈노다메 칸타빌레〉 때문이다) "아 그러시구나. 베를린 필하모닉 연주도 있긴 한데…. 찾는데 시간이 좀 걸릴 것 같으니 BBC 레코딩으로 들어볼까요?" 그는 같은 애호가만이 느낄 수 있는 숙달된 손놀림으로 탁탁탁탁, CD가방을 넘기더니 한장의 CD를 꺼내들었다. 그리고 플레이어에 걸었다. 그것 자체로 감동이었다. 클래식을 듣는 택시 기사라는 사실도 충분히 감동인데 리퀘스트 시스템까지 도입하고, 게다가 신청자의 '니즈'와 현실을 조화시킨 선곡까지 갖추고 있는 것이다.

한국에 이런 택시기사가 딱 300명만 되도 얼마나 좋을까. 그러면 우리 사회는 정말 풍요로워지지 않을까, 하는 쌀로 밥짓는 생각부터 과연 이 기사님의 전직은 무엇이었을까, 저 단정한 차림과 품위있는 인상으로 보아 최소 30년 정도는 매일 아침 넥타이의 매무새를 만졌을 것 같은데, 하는 소년탐정 김전일의 추리까지 오만가지 상념이 머리를 스쳤다. BBC 세션은 아나운서의 장황한 설명이 끝나고 본격적으로 연주가 시작되려 하고 있었다. "베토벤은 호쾌해요. 그게 매력이죠. 이 BBC 세션은 제가 보기엔 베를린 필 하모닉보다 그런 면을 살리고 있다고 생각합니다." 이럴수가, 친절한 곡해설까지! 어쩌면 이 아저씨는 낮에는 클래식 평론가로, 밤에는 서울의 택시 운전사로 활동하는 투잡맨이 아닐까. 과연, 이런 말을 들으니 처음 들어보는 BBC 세션은 그 어떤 7번 보다 호쾌하고 박력있는 듯 느껴졌다.

그러나, 감동에 젖어 몇 악절을 듣기도 전에 택시는 신촌 현대백화점 앞에 도착하고야 말았다. 계산을 하려는 찰나, 그는 백미러를 보며 말했다. "베토벤은 역시 강변북로를 달리며 들어야 맛인데…. 어떻게 하시겠요?" 이 소중한 기회를 하찮은 약속 때문에 놓쳐서야 어찌 호연지기를 가진 사나이라 할 수 있을까. "달리시죠." 우리는 그렇게 1악장과 2악장을 들으며 심야의 드라이브를 즐겼다. 다시 신촌으로 돌아왔을 때는 3악장이 막 시작할 무럽이었다. 결과적으로, 나는 3천원이면 갈 거리를 1만 5천원이나 지불해야 했고, 약속 시간을 40분이나 어긴 까닭에 친구에게 욕을 바가지로 얻어 먹은 후 술도 사야 했다.

그때 그사람

사람과 사람의 거리가 확 당겨지는 순간이 있다. 대화의 진심이 부딪히는 순간이 있다. 취향의 공통 분모가 완벽하게 겹쳐지는 순간이 있다. 그순간 폭발한 인연은 새로운 기류가 되어 관계의 방향을 바꾼다. 그사람에 대해 얼마나 알고 있는지는 중요하지 않다. 얼마나 오랜 시간을 함께 했는지도 중요하지 않다. 10년 넘은 친구라 생각했던 사람에게 배신을 당할 때가 있고 단 닷새를 함께 했을 뿐이지만 5년은 족히 함께 한 동업자 같은 느낌을 받을 때가 있다. 관계는 한순간에 결정되고 바뀐다. 친해질 이유도 없고 어색하기만 했던 Y와의 밤이 꼭 그랬다.

Y는 완전히 다른 세계의 여자였다. 눈 내리던 밤, 거리에서 그녀를 처음 봤을 때 대번에 알 수 있었다. 단정한 옷차림과 헤어스타일, 착실한 자기관리로 성공의 발판을 걸고 있는 사람만이 가질

수 있는 표정. 적어도 내가 그시간에 그런 사람을 만날 일은 없었다. 첫만남은 불편했다. 침묵하지 않기 위해 말했고 일찍 헤어질 수 없어서 오랜 시간을 보냈다. 그녀와 나 사이에 무슨 일이 생길 가능성은 희박했다. 경부선 상행선과 호남선 하행선 열차가 정면 충돌할 가능성만큼이나. 그런 건 직감으로 알 수 있다. 대화의 불꽃이 튈만한 촉매제가 전혀 없었던 것이다. 다시는 그녀와 만날 일이 없을 것 같았다. 그러나 만났다. 특별한 이유가 있었던 건 아니다. 주말에 서로 약속이 없다는 게 전부였다. 또 무슨 이야기를 해야 하나. 처음과 마찬가지로 나와 Y의 거리는 한없이 멀었다. 그런 먼 거리를 당긴 건 심수봉이었다.

나를 만나러 오기 전, 심수봉을 들었다고 했다. 심수봉을 좋아하시나 봐요. 그녀는 목소리를 높였다. 요즘은 왜 심수봉을 좋아하는 젊은 사람들이 없는 거죠. 그렇지 않아요. 우리나라 가수 중에 심수봉 같은 어덜트 컨템포러리는 없는 걸요. 내 3년치 수명을 걸고 얘기할 수 있어요. 난요, 심수봉만 들으면 눈물이 나요. 오늘도 '백만송이 장미'를 들으면서 눈 내리는 창밖을 보는데 괜히 그랬어요. 그 목소리의 떨림은 요즘 가수들이 떨어대는 거랑은 차원이 달라요. 그렇게 생각하지 않아요? 그럼 우리 심수봉을 들을 수 있는 곳으로 가요. 3분의 2쯤 남아있는 맥주병을 그대로 둔 채 우리는 자리를 옮겼다.

봐요, 여기 심수봉 CD가 있죠? 이 집은 손님이 자기 듣고 싶은 음악을 틀면 되거든요. 조금 있다가 틀어 줄게요. '백만송이 장미'와 '비나리'를 연달아 틀었다. 10평이 채 안되는 공간에 30여명의 손님들로 들어찬 그 술집에 심수봉이 흘렀다. 모두 각자 하던 얘기를 계속 이어갔다. 부딪히던 술잔을 계속 부딪혔다. 피우던 담배를 계속 피웠다. 그녀는 말없이 음악만 듣고 있었다. 눈물나네요. 또. 아까부터 뭐가 범상치 않은 것이…. 심수봉에 얽힌 특별한 사연이라도 있는 건가요. 대답이 없었다. 그럼 다른 음악을 틀게요. 다른 손님들도 있는데 심수봉만 틀면 좀 그럴 것 같아서요. 뒤돌아 서서 CD를 고르는데 그녀가 말한다. 있잖아요. 심수봉 노래 조금만 더 들어요. 지금 눈도 내리잖아요. 아까처럼. 그리고…. 말줄임표 뒤에는 침묵이 이어졌다. 뭔가 말하고 싶은데 말할 수 없어서 생기는 침묵이었다. Y는 혹시 불행한 가정사의 주인공은 아닐까. 그러고 보니 내 주변엔 항상 기구한 인생들이 모여들었지. 지금이라도 기구한 인생 베스트 5를 꼽을 수 있어. Y가 입을 열면 그 순위가 바뀌는 건 아닐까? 이상하게도 그들은 한결같이 "이건 너한테 처음 이야기하는 건데…" 하면서 시골작부 한풀이하듯 청산유수로 기구한 사연을 털어놓곤 했었는데 이렇게 말하기를 망설이는 걸 보면 아마 영원히 넘버원에 남을만한 기구한 사연일지도 몰라. 또 어떻게 반응해야 하나. 흐음. 그렇군. 그럴 수도 있지. 하면서 아무렇지도 않게 술잔을 들이켜야 하나? 강도가 좀 셀 것 같으니 어깨라도 한번 두드려줘야 하나? 그런 위로와 격려의 스킨십을 하기에는 아직 뻘쭘한데. 아아, 그녀는 아직까지도 말없이 테이블만 쳐다보고 있군. 이런 생각이 끝나도록 Y의 입은 열리지 않았다. 저기, 제가 주변에 좀 기구한 사람이 많아서 그런데, 혹시 슬픈 가정사에 심수봉이 배경음악으로 얽혀 있다던지, 사랑의 절정에서 불의의 사고를 당했던 예전의 남자친구와 심수봉을 즐겼다던지, 당신의 인생에 줄곧 남아 있는 거대한 트라우마가 있는데 심수봉을 들을 때 부지불식간에 그 상처가 잊혀진다던지 하는, 그런 건가요. 그녀가 고개를 들었다. 표정은 굳어 있었다. 안면 근육에 미세한 파동이 일었다. 탄식의 예고는 아니었다. 적어도.

이봐요, 사람이 그렇게 청승맞게 보여요? 나 곱게 자랐어요. 스스로 받아 안을 수 없는 일은 근처에도 안갔다구요. 심지어 만에 하나 사고날까 싶어서 지하철 탈 때도 플랫폼 뒤편에서 열차 기다릴 정돈데, 뭐? 불행한 가족사? 가슴아픈 애정사? 씻지 못할 트라우마? 사람을 뭘로 보고 그런 생각을 하는 거에요, 대체? 아니 아니, 저기 그렇게 화내지 마시고. 술도 별로 안 마셨는데 왜 이리 발끈하고 그러시나. 그게 아니라 제 말은 아까 심수봉 얘기했을 때부터 왠지 센치해지더니 지금도 계속 그러고 있잖아요. 그런 모습은 단지 심수봉을 좋아하기 때문, 이라는 문장으로는 설명이 안 되는 레벨이거든요. 별 이유 없으면 그런 표정을 짓지 말던가 하지. 얼굴에 오만 수심이 가득한데 어떻게 그런 상상을 안 할 수가 있겠어요. 이건 음…. 내 5년 치 수명을 걸 수 있어요. 이 술집에 있는 사람들에게 물어봐, 다 그렇게 생각하지. 나도 그렇게 생각해요. 옆자리에 앉아있던 어느 술꾼이 끼어 들었다. 참으로 난데없이. 아, 죄송한데 굳이 물어볼 생각 없었으니까 계속 술이나 드세요. 네.

상황이 여기에 이르자, 그녀는 고개를 앞으로 숙여 작은 목소리로 말했다. 사실은요. 제가 초경이 좀 늦게 왔어요. 고1 겨울. 가족들이랑 차를 타고 고속도로에 있었는데 갑자기 터지는 바람에…. 게다가 그 때 치마를 입고 있어서…. 그때 라디오에서 심수봉 노래가 나오고 있었거든요. 아빠가 새로 차 뽑고 처음으로 가는 거였는데 시트에 피가 묻어서 이러지도 저러지도 못하고 전전긍긍하던 아빠 생각이 나서 심수봉만 들으면 괜히 마음이 짠해져요. 하아, 과연 그런 거였나. 미안하다. 나의 기구한 인생 베스트 파이브여. 30위권에도 못드는 사연이 그대들의 자리를 위협할 뻔했구나. 아니 그 정도면 그냥 얘기할 수 있는 거 아니에요? 피가 콸콸 흘러서 〈캐리〉의 한 장면이 연출된 것도 아니고. 너무 예민하시다 정말. 뭐라구요? 당신 지금 성희롱인 거 알아요? 여자

에게 초경이 얼마나 큰 의미가 있는지 못 배웠어요? 이거 완전 마
초네. 집에 가죠 우리. 여자랑 데이트를 하는데 할 말이 있고 안
할 말이 있지. 이 무슨 급작스러운 상황인가 싶어 수습도 못하고
Y가 일어서는 모습을 지켜봐야 했다. 그녀는 천원짜리 한장 내지
않고 돌아섰다. 과연, 단정한 옷차림과 헤어스타일, 착실한 자기
관리로 성공의 발판을 걷고 있는 사람만이 가질 수 있는 표정이
처음 보자마자 묻어나오기 위해서는 저 정도의 예민함과 소심함
을 겸비해야 하는 것인가. 그리고 이토록 사소한 상황에서 저토
록 발끈할 수 있는 용기를 가져야 하는 것인가. 그나저나 내가 뭘
그리 잘못했지. 고1때 초경으로 새차를 더럽힌 아픔을 이해하지
못한 것밖에 없는데. 아니 근데 그런걸 누가 이해해 도대체. 〈지
금은 라디오 시대〉 같은 데 사연으로 보냈어봐. 이종환과 최유라
가 폭소를 터뜨릴 만한 얘기지. 고민상담 프로에 보냈으면 아예
작가들 선에서 커트당할 걸. 거참. 역시 주말에 약속이 없기 위해
서는 그럴만한 이유가 있어야 하는 것이로군.

잘만 돌아가던 CD가 갑자기 튀었다. 만나면 헤어지던 그때 그사
람, 그때 그사람, 그때 그사람…. 그때 그사람이라, 평생 초경이
나 해라. 예의 그 술꾼이 팔을 잡는다. 형씨, 남은 술은 내가 좀 마
셔도 될까? 지갑을 안 갖고 와서…. 마시거나 말거나. 자리에서
일어섰다. 3만2천원 나왔습니다. 맥주는 역시 3분의 2쯤 남아 있

었다. 혼자 칵테일을 두잔 반이나 먹어놓고 계산도 안하고 가다
니. 그러거나 말거나, 술꾼은 아무렴 어떻다는 듯 남아있는 마가
리타를 홀짝 거렸다. 튀는 CD는 계속 튀고 있었다. 그때 그사람,
그때 그사람, 속절없이 튀고 있었다.

게리롱 게리롱

멜로영화를 보면 으레 베드신이 나온다. 홍상수나 김기덕 영화가 아닌 이상 베드신에는 이런저런 음악이 흐르기 마련이다. 음악없는 섹스는 왠지 무드가 없기 때문일 것이다. 따라서 많은 남녀가 침대에 들기 전 음악을 튼다. 한때 여성지의 단골 레퍼토리였던 '나의 첫경험 체험담' 류의 기사만 봐도 어김없이 '케니 지의 색소폰이 공기를 적실 즈음, 나는 여자로 태어났다' 따위의 문장이 들어가곤 했다. 똑같은 첫날밤이라도 케니 지가 옆에서 색소폰을 불어주느냐 안 불어주느냐에 따라 황홀한 첫날밤을 결정하는 것일까.

어쨌든 케니 지나 조지 윈스턴, 유키 구라모토 같은 뮤지션들은 첫날밤 체험담의 단골 BGM이었다. 하긴 이 정도가 딱 좋겠다. 아직 저작권법이 그리 엄하게 적용되지 않던 시절, 한국 에로 영화에는 온갖 팝의 명곡들이 마구 흐르곤 했었다. 그 중 〈욕망, 서울밤〉이라는 심플한 제목의 영화가 기억난다. 라이방 선글라스를 쓴 여주인공이 도도히 서울의 하늘을 쳐다보던 도입부에는 비틀스의 'Norwegian Wood'가 흘렀고 어느 허름한 모텔에서 남녀가 결합을 도모하던 첫 베드신의 BGM은 킹 크림슨의 'Epitaph'였다. 당시의 에로영화는 대부분 배드엔딩이었다.

이 영화도 그랬다. 무려 핑크 플로이드의 'Brain Damage'가 처절한 대미를 장식했다. 비틀스에 킹 크림슨에 핑크 플로이드란 말이다. 섹스가 종족생식의 본능이라고 하는 대의를 좇는다 할지라도 그렇지, '묘비명'이라니, 지구 종말을 앞두고 인류 최후의 남녀가 눈물을 흘리며 하는 섹스도 아니고 말이지. 물론 〈욕망, 서울밤〉에서는 베드신이 끝난 후 아무렇지도 않게 담배를 피워 무는 남자와 베갯닛을 적시는 여자의 표정이 대비될 뿐이었지만. 하기야 주변의 어떤 하드코어 커플의 경우 남들 앞에서 자랑스럽게 "어제는 슬레이어의 〈Hell Awaits〉를 틀어놓고 했어." "오빠, 그때 데프톤스 'Seven Words' 들으면서 할 때가 진짜 좋았는데." 따위의 이야기를 아무렇지도 않게 하고 있으니 〈욕망, 서울밤〉의 'Epitaph'는 그 커플에 비하면 조금 나을지도 모르겠다. 치노가 외쳐대는 'fuck! fuck! fuck! fuck!'을 들으면서 하는 섹스라니, 아무리 그래도 너무 노골적이지 않은가. 으흠. 그렇고 말고.

영화와 현실이 고루 압박을 가해서인지는 몰라도 나는 에로송에 대해 별로 신경을 써본 적이 없다. 한창 때였으니 음악 따위 있어도 그만 없어도 그만인 게 당연했다. 그저 한마리 도시의 종마처럼 섹스 그 자체만으로도 아드레날린이 치솟던 시절이었던 것이다. 적어도 C를 만나기 전까지는 그랬다. 가슴이 파인 옷을 입고 나타난 그녀는 흑인 음악의 열혈팬이었다. 평소 흑인 음악을 그리 즐겨 듣지 않았지만 마빈 게이와 스티비 원더, 슬라이 앤 더 패밀리 스톤을 쉼없이 예찬하는 그녀에게 쉼없이 맞장구쳤다. 오직 가슴 파인 옷 때문이었던 것 같다.

술자리가 깊어지고 데낄라 병이 비어갔다. 황금색 데낄라가 3분의 2쯤 사라졌을 때쯤이었을까. 그녀가 살며시 웃으며 말했다. "아까부터 자꾸 내 가슴 쳐다보는 거 알아요." "앗 걸렸구나. 사실은 내가 가슴 마니아라서 그저 당신의 가슴을 보면서 나름대로 원주율을 구하며 사적인 취미생활을 하고 있었던 거에요. 절대 다른 뜻은 없어요. 핫핫핫." "그래서, 나랑 자고 싶어요?" "….." "자고 싶냐니까?" "넵." 같이 자는 것쯤 무슨 대수겠냐는 표정으로 그녀는 말했다. "대신, 조건이 있어요." "뭔데요." "밤새도록 'Let's Get It On'을 들을 수 없으면 안할 거에요." 아아, 'Let's Get It On' 이라니, 일찍이 〈사랑도 리콜이 되나요〉에서 잭 블랙이 존 쿠색과 그의 여자친구를 위해 불렀던 사랑의 묘약이요, 얼마 전 영국인들을 대상으로 한 '최고의 에로틱송' 조사에서 당당히 2위를 차지했던 노래가 아니던가.

문제는 당장 CD도 없고, 음악을 들을 곳이 없다는 거였다. 어쩌면 그녀는 불가능한 조건을 내세움으로써 지능적으로 나를 도발하는 건지도 모를 일이었다. 하지만 필요는 발명의 어머니. 여유 있게 친구에게 문자를 날렸다. '근처에 인터넷되는 모텔 좀 검색해봐.' 1분도 안되서 답장이 날아왔다. '미안, 내가 지금 모텔이야. 여기는 안되니까 알아서 찾아봐.'

인생은 도박이다. 대책이 없으면 일단 부딪혀야 한다. 택시를 잡아타고 인근 모텔촌으로 향했다. 정해둔 곳이 있다는 듯 태연한 표정으로 그녀를 안내했다. 그 때 구원의 플래카드가 눈에 들어왔다. '전 객실 초고속 인터넷 완비. 이제 모텔에서도 편하게 비즈니스를!' 그렇지, 모텔이야말로 비즈니스의 전당이고 말고. 고개를 주억이며 벅찬 마음으로 힘차게 문을 열어 제꼈다.

방에 들어가자마자 PC를 켜고 익스플로러를 띄운 후, 스트리밍 사이트로 갔다. 자, 이제 힘차게 가보자. 검색창에 m a r v i n g a y e, 한 글자씩 쳐내려갈 때 알 수 없는 불안감이 들었다. 아차, 요즘 이 사이트 저작권관련 법정분쟁이라 왠만한 곡은 다 서비스 중지던데. 이윽고 와장창 뜨는 마빈 게이의 앨범들. 마빈 게이가 베스트 앨범을 이리도 많이 냈다는 게 그토록 고마울 수 없었다.

정규 앨범은 물론이고 왠만한 베스트 앨범에 들어있는 'Let's Get It On'은 모두 서비스 중단이었건만, 어찌된 영문인지 딱 한장의 앨범에 서비스 가능한 버전이 들어있던 것이다.

그녀는 과연 흑인음악의 팬답게 쉴새없이 그루브를 탔다. 제임스 브라운의 'Like A Sex Machine'이라도 틀어야할 것처럼 몸부림쳤다. 그것은 실로 장대하다고 밖에는 말할 수 없을 만큼 장대한 섹스였다. 또한 격렬했다. 평생 들을 'Let's Get It On'을 하룻밤에 몰아서 들었다. 열네번의 'Let's Get It On'을 침대에서, 다섯번쯤은 화장대 위에서, 아홉번쯤은 욕실 안에서, 그리고 또 기억할 수 없을 만큼의 'Let's Get It On'을 바닥에서 들었다. 다시 침대로 기어올라왔다.

파트리트 쥐스킨트의 〈향수〉 속 한 구절을 빌어 얘기하자면 'Let's Get It On'은 결국 우리를 액체처럼 녹였다. 시트에 묻은 온갖 종류의 액체와 함께 녹듯이 잠속으로 녹아들었다. 꿈속에서도 마빈 게이의 목소리가 온갖 종류의 액체에 뒤섞여 끈적거렸다. 몇 시간이 지나지 않아 눈을 떴다. 화장대와 바닥, 테이블과 침대의 모든 기물이 엉망으로 흩어져 있었다. 전화(戰火)가 휩쓸고 간 것 같았다. 그 풍경을 보며 그녀는 말했다. "대실이 아니라 숙박으로 끊길 잘했죠?" 그리고 한 번 더, 엉망으로 흩어진 기물은 마지막으로 더 엉망이 됐다.

컴퓨터 스피커는 'Let's Get It On'을 여전히 하염없이 울려댔다. 우리의 눈가엔 다크 서클이 뒤덮여 있었다. 너구리, 아니 팬더, 아니 흑인처럼. 너는 마빈 게이, 나는 제임스 브라운. 〈브루스 브라더스〉에서 제임스 브라운은 외친다. "Can You See The Light?" 물론, 그렇고 말고. 마빈 게이가 뿜어낸 빛에 하얗게 불타버린 밤이었던 것이다. 'Norwegian Wood'처럼 감미롭고 'Brain Damage'처럼 초월적인, 심지어 'Seven Words'만큼이나 노골적이기까지 했던. 레츠 게리롱, 레츠 게리롱. 욕정의 하이웨이여.

어떤 정초

시계가 12월 31일 11시 59분에서 1월 1일 12시 정각으로 넘어갔다. 신년 카운트 다운을 하는 소리는 들리지 않았다. 어디에도 새해를 맞이하여 들뜬 분위기는 없었다. 그저 침묵만이 있었다. 간혹 소곤거리는 사람들이 있었다. 나이 한살 더 먹는 게 뭐 그리 축하할 일이냐고 냉소하는 사람들만 모여 있었던 것일까. 어쩌면 그런 사람도 있었을 것이다. 하지만 아닌 사람들이 더 많았을 것이다. 확실한 건, 지금 우리가 있는 곳이 방콕에서 라오스로 넘어가는 심야버스라는 사실이었다. 숫자만 바뀔 뿐인 새해에 대한 기대보다는, 가본적 없는 미지의 공간에 대한 불안감이 더 컸다. 태국의 관광버스는 라디오도 틀지 않았고, 황량한 국도에는 가로등도 없었다. 그저 어둠속을 달리고 또 달릴 뿐이었다. 조절 버튼도 없이 미친듯이 냉기를 뿜어내는 에어콘에 사람들은 괴로운 듯, 퀴퀴한 담요를 얼굴까지 덮고 억지로 잠을 청하고 있었다. 그곳에는 새해가 없었다.

감기 기운을 느끼며 눈을 떴을 때는 라오스 국경이었다. 비자를 발급받아 국경을 넘고, 다시 버스를 타고 수도 비엔티엔에 도착했다. 방콕보다는 기온이 낮다고 하지만, 여름은 여름이었다. 태양은 뜨거웠고 반팔에 반바지가 어색하지 않았다. 숙소에 짐을 풀고 우선 배를 채우기로 했다. 가이드북에 소개된 몇몇 식당이 눈에 보였다. 남푸 커피라는 식당에서 비엔티엔 최고라는 쌀국수를 먹으며 생각했다. '커피 가게에서 최고의 쌀국수를 팔다니, 이건 〈거북이는 의외로 빨리 헤엄친다〉에 나오는 라멘집에서 가장 맛있는 음식이 커피라는 것과 대체 뭐가 다른가.' 그러나 그런 의심따위 필요없었다. 정말 끝장의 맛이었으니까.

배를 채운 후 시내를 둘러봤다. 비엔티엔에는 프랑스인들이 많았다. 관광객이라고 하기에는 눌러 앉은 티가 완연한 그런 사람들이다. 라오스가 프랑스의 식민지였던 탓에, 아직 관공서에는 프랑스어로 된 간판이 붙어 있고 곳곳에 식민 시절의 인프라가 남아 있는 탓이다. 어쩌면 프랑스의 사회주의자들 중 일부는 이 사회주의 국가를 동경해서 넘어온 것일지도 모른다. P.V.O. 샌드위치 가게에 하루 종일 앉아있던 배불뚝이 아저씨도 그런 사람 같았다. 시내를 한 바퀴 돌기 전, 땟국물 밴 러닝 셔츠에 카키

색 반바지 차림으로 인상을 찌푸린 채 가게 앞을 지키고 있던 그는 바게뜨 샌드위치를 손에 들고 연유를 넣은 커피를 홀짝거리고 있었다. 시내를 한바퀴 돌고 난 후에도 그는 마찬가지 표정으로 앉아 있었다. 다만 샌드위치는 다 먹어 치운 후였고 커피잔도 바닥을 드러내고 있었다. 식사를 하기 위해서라기보다는, 그저 소일하고 있는 듯 보였다. 찌푸리고는 있었으나 감정은 읽히지 않는 얼굴이었다. 그 옆에 앉았다. 테이블이 적어 달리 선택할 자리가 없었다. 스페셜 샌드위치와 파파야 쥬스를 시켰다. 그렇게 맛있는 샌드위치는 처음이었다. 쌀국수에 이어 샌드위치, 2연승이었다. 다만 그 사실만으로도 나는, 이 한가한 도시가 마구 좋아지려 했다.

가게에선 라디오를 틀어놓았다. 외국인들도 자주 오는 가게라 그런지, 영어로 진행되는 방송이었다. 진행자는 뉴이어 어쩌고 저쩌고를 남발하며 알 수 없는 소리를 지껄여댔다. 여름의 새해란, 여름의 크리스마스만큼이나 기분이 안난다고 생각했다. 뉴이어 어쩌고 저쩌고를 남발하던 진행자는 음악을 소개했다. 시저 시스터스의 'I Don't Feel Like Dancing'이었다. 디스코 비트가 쿵짝대고 제이크 시어스는 단도직입, 팔세토를 터뜨렸다. 누가 가만히 있을 수 있겠는가. 다리로 장단을 맞추며 함께 흥얼거렸다. 신년 기분은 안나도, 낭만의 여름이었다. 계속 옆에서 소일을 이어가던, 배불뚝이 아저씨가 말을 걸었다. "이 음악은 왠지 아바나 비지스 같군. 요즘 음악인가?" 여전히 무표정했다. 나는 어색하게 웃으며 그렇다고 대답했다. "자네는 음악을 좋아하나?" 역시 그렇다고 말했다. 계속 무표정하게 고개를 까닥이던 그는 "정말 아바같아. 북아프리카에서 아바를 많이 들었지"라며 코를 후볐다. 오른쪽 검지 손가락이 없었다. "그런데 이 밴드가 누구라고 했지?" 시저 시스터스, 요즘 뜨고 있는 애들입니다. "아아 그래, 왠지 웃긴 이름이군." 그는 그렇게 말했지만 역시 웃지는 않았다. 표정에서도 눈빛에서도 이 사람이 어떤 사람인지 읽혀지지 않았다. 그는 과거를 통째로 지워버린 사람 같았다. "내 이름은 쟝이야. 라오스에서 3년째 살고 있지." 여기 회사라도 다니는 건가요. "일? 그런 건 하지 않아. 아니, 정확히 말하자면 할 수가 없달까. 하기도 싫어. 이제는 총을 못쏘니까." 쟝은 무심히 검지 손가락이 없는 오른쪽을 흔들어 보였다. 그는 용병이었을지도 모른다. 혹은 특수 임무를 맡은 요원이었을지도 모른다.

"여기에 있다보면 시간이 사라져. 사람도 사라지지. 좋은 곳이야." 우리는 다시 침묵속으로 들어갔다. 샌드위치를 다 먹고 파파야 쥬스를 다 마신 후, 커피 한잔을 더 시켰다. 그리고 차 한대가 앞에 와서 섰다. 검은 양복을 입은 사내들이 내렸고, 프랑스어로 쟝에게 뭐라 말했다. 쟝은 한숨을 쉬며 역시 불어로 투덜대다가 귀찮다는 듯 자리에서 일어섰다. 차에 타기 직전 그는 나를 돌아봤다. "그런데, 시저 시스터스의 앨범을 살 수 있을까?" 오늘 라오스에 도착해서 모르겠네요. "아, 그렇지. 고맙네. 얼마만에 다른 사람과 이야기를 해본 건지." 차가 출발했다. 아나운서는 계속 뉴이어 타령을 했다. 이어지는 곡은 아바의 'Watertaloo'였다. 나는 커피를 다 마시고 일어나 숙소로 향했다. 미묘하게 비현실적이었다. 아주 미묘하게도.

위험한 태교

오랜만에 만난 친구는 아내의 임신 소식을 알렸다. 둘의 인연이 시작된 곳은 음악 동호회였다. 그 중에서도 데스메탈 동호회. 따라서 둘의 연애란 무릇 범상치 않았다. 그들의 연애에는 항상 오비추어리, 카니발 콥스 등이 함께 했다. 그들이 버닝러브를 시작했을 무렵인 2001년, 동대문 운동장에서 메탈 페스트라는 행사가 열렸다. 슬레이어, 머신헤드, 아치 에네미 등 단독공연만으로 메탈 키드들의 피를 끓게 할 팀들이 떼로 내한했던 공연이었다. 비록 그 넓은 동대문 운동장에 수백명만이 모이는 참사로 끝나긴 했지만 그날 땅바닥에 흩어진 머리카락만 주워도 곱디 고운 가발 몇 타래는 만들고도 남았을 것이다. 게다가 전국의 장발족들이 일제히 헤드뱅을 하며 평소보다 더 많은 머리카락이 빠졌을 것이니 인원 대비 모발 갯수가 풍족했으리라. 그 속에서 사이좋게 미친듯이 헤드뱅을 하고 슬레이어가 등장하자 포옹을 하더니 'Season In The Abyss'를 배경으로 진한 키스를 나누는 커플이란 장담컨데 그들밖에 없었을 것이다. 그들이 애용하는 데이트 장소는 노량진에 있던 데스메탈 전문 레코드숍이었다. 그들이 처음으로 잠자리를 하던 날, 보슈의 그림과 카니발 콥스의 앨범 포스터가 붙어있는 친구의 방에서는 오비추어리의 〈Cause Of Death〉가 흐르고 있었다. 메탈리카도 메가데스도 아닌 오비추어리(부고장)라니, 대체 어떤 기분일지 나로서는 상상되지도 않는다.

시골의 쓰러져가는 교회에서, 데스메탈 밴드의 축가를 들으며 결혼식을 올리는 건 그들의 꿈이었으나 꿈은 어디까지나 꿈일 뿐, 이루지는 못했다. 해외 토픽에 가끔 나오듯 스킨 스쿠버들이 물속에서 결혼식을 올리는 정도의 이벤트를 한국에서 실현하기란 쉽지 않은 것이다. 게다가 스킨 스쿠버와 데스메탈 결혼식은 아마 꽤 차원이 다른 문제가 아닐까 한다. 그래서 그들은 꽤 평범하게 결혼했고 연애 때와 비슷한, 평범하지 않은 신혼 생활을 하다가 결국 임신을 했다. 친구가 기억하는, 수태의 그날에 그들이 듣고 있던 음반은 다크 퓨네럴의 〈Teach Children To Worshp Satan〉이었다. "그래서 행여 태아에게 악영향이 생기지 않았을까. 내심 걱정이 되기도 해." "아니, 그동안 너네 커플의 일대기를

보면 그건 악영향이 아니라 오히려 좋은 영향일 것 같은데." 그들이 언젠가 임신을 한다면 태교 음악으로 그동안 사들였던 데스 메탈과 블랙 메탈을 하루에 한장씩, 열달간 듣지 않을까 내심 기대했던 나로서는 뜻밖의 걱정이었던 것이다. "그런데 역시 아빠의 마음이란 건 어쩔 수 없더라고." "애가 태어나면 머리를 잘 살펴봐. 666이 새겨져있을지도….""그럼 태교 음악으로는 뭐 듣고 있냐? 아무래도 클래식이겠지? 너네가 정통 클래식을 들을 리는 없고, 바이올린으로 떡칠하고 여자 소프라노가 결정적 멜로디를 날려주는 북유럽 고딕메탈이라도 듣는거야?" "사실 마음 같아서는 그러고 싶은데, 도저히…. 그냥 클래식 들어. 모차르트나 쇼팽. 물론 와이프가 그거 틀어놓고 있으면 나는 이어폰 끼고 데스 메탈 듣지만." 그의 아내에게도 몇달 전까지 일생을 바쳤던 장르와 정반대편의 음악을 듣는 건 분명히 고역이었으리라.

그래서 친구는 아내의 임신 사실을 안 후 어떻게 하면 클래식에 그녀를 입문시킬까 고민했고, 때마침 나름대로 선풍적 인기를 모으고 있던 〈노다메 칸타빌레〉의 존재를 알게 됐다. 음반이라면 몰라도 드라마라면 쉽게 볼 수 있으니 잽싸게 P2P로 들어가 11편을 모두 다운받았다, 는 얘기와 함께 그의 집으로 향했다. "아 그런데 그 드라마 진짜 재밌더라. 중독성이 있어. 나도 몇번이나 봤을 정도야." 집으로 가면서 친구는 이런 얘기를 했다.

마침 그의 집은 비어 있었다. 내가 온다는 얘기를 듣고 와이프가 마트로 장을 보러 갔다고 했다. 신혼 때만해도 온갖 데스메탈 포스터로 도배되어 있던 벽에는 모네와 샤갈의 작품이 걸려 있었다. 그의 방에 쌓여있는 수천장의 데스메탈 앨범들만이 이들이 한 때(아니, 사실은 지금도, 그리고 아마 앞으로도) 누렸던 삶을 말해주고 있었다. 아내가 올 때쯤 되자, 친구는 CD 플레이어에 베토벤을 걸었다. 레너드 번스타인이 지휘한 뉴욕 필하모닉의 음반이었다. 아내가 왔다. 오디오에서는 베토벤의 7번 교향곡이 돌아가고 있었다. "아, 7번 나도 좋아해. 역시 노다메 칸타빌레 보다가 빠지게 됐어." "그치그치? 마지막회 엔딩으로 나올 때 킹왕짱 감동 받았다니까." 그러면서 그는 드라마에서 치아키가 지휘하는 흉내를 내기 시작했다.

"아우 자기는 친구 앞에서 그러면 어떻게 해. 주책이야 주책"이라 하면서도 흐뭇하게 그 모습을 지켜보던 그의 아내는 곡이 끝나자 외쳤다. "치아키 센빠이~" 그리고는 마치 노다메가 된 것처럼 그의 품에 달려들었다. 친구가 아내를 받아줬으면 다행이었을텐데 그는 노다메를 내치는 치아키처럼, 슬쩍 피하고 말았다. 친구의 아내는 바닥에 쿵, 소리를 내면서 엎어졌으나 실실 웃으면서 나에게 말했다. "오빠, 노다메 놀이 진짜 재밌지 않아?" 그런 모습을 보면서 내가 애아빠도 아닌데 괜히 모골이 송연해졌다. 그리고 생각하고야 말았다. 이 커플에겐 태교라는 개념이 아예 없는 게 아닐까, 데스메탈을 들으면서 헤드 뱅을 하는 게 오히려 덜 위험하지 않을까 하고.

게릴라성 집중호우

아끼는 음반에는 대부분 추억이 묻어있다. 누군가는 라디오헤드의 〈OK Computer〉를 틀어놓고 첫경험을 치뤘을 테고, 누군가는 펄 잼의 〈Ten〉을 들으면서 성년식을 치뤘고, 누군가는 김광석이 〈다시 부르기〉를 내던 날 군대를 갔기에 김민우의 '입영열차 안에서'를 들으며 환송식을 치뤘기에 첫휴가 나와서 '이등병의 편지'를 듣고서는 다시 군대에 가는 기분이었다던가 하는, 그런 사소한 추억들이 대부분의 아끼는 음반에 함께 하는 것이다. 물론 추억이 된 사건이 있어서 음반을 구입했을 수도 있겠지만 아무튼.

원래부터 트래비스를 좋아한 건 아니었다. 그들이 한참 영국 록의 신예로 기세 등등하던 시절에는 혐오하기까지 했다. 음반을 들으면서도 '이런 찌질한 쉑희들. 스웨이드와 오아시스, 버브가 기껏 일궈놓은 영국 형님들의 오만과 자긍심을 네놈들이 다 망가트리고 있구나!'라는 식으로 무시하고 또 무시했다. 오랫동안 그랬다. 트래비스를 들었으니 툴로 귀를 씻어야겠다, 이런 식이었다.

나이를 먹으면 취향도 조금은 바뀌기 마련이다. 여기서 취향이 바뀐다는 건, 80년대 메탈 밴드들이 90년대에 개차반되듯 그렇게 순간이동한다는 얘기는 아니다. 그저 너그러워질 뿐이다. 아주 조금은. 어느날부턴가 트래비스가 가끔 생각났다. 생각해보면 좋아하진 않아도 자주 들었던 음악이었다. 그래서 툴도 그만큼 들어야했지만. 그래서 몇년만에 트래비스의 음반을 꺼내서 듣곤 했다. 그래봤자 〈The Man Who〉와 〈Invisible Band〉 정도였고, 그 중에서도 몇몇 트랙에 한정되어있다. 어쨌거나 트래비스에 관해서는 눈꼽만큼도 추억이 없었다. 심지어 아끼는 음반도 아니었으니 추억을 묻힐 자격따위 있을리가 없었다.

그 날, 〈The Man Who〉를 꺼낸 건 왠지 그 목소리가 듣고 싶어서다. 그녀가 방학을 끝내고 다시 태평양을 건너갔기 때문이다. 슬펐냐고? 그렇지는 않았다. 싱숭생숭이랄까 허하달까. 슬픔의 범주에 넣기에는 좀 미약한 그런 마음 상태였다. 이런 정도에서 뭔가 멜랑콜리 그 자체인 듯한 음악을 듣는 건 생리통을 달래기 위해서 진통제를 한트럭 정도 털어넣는 격이 된다. 따라서 엘리엇

스미스나 닉 드레이크가 나설 필요는 없다. 그래서였을 것이다. 딱 트래비스 정도가 생각났던 건.

집을 나섰다. 선글라스 없이는 절로 인상을 찌푸려야 하는 태양이 떠 있었다. 5분만 걸어도 땀이 찰 만큼 습기도 대단했다. 갑자기 땅에서 바나나 나무가 솟고 원숭이들이 그 위를 춤추고 있어도 전혀 이상할 것 없는 날이었다. 이 폭염과 트래비스라니, 얼마나 어울리지 않는 매치인가. 차라리 밥 말리나 부주 벤튼을 갖고 나올 걸 그랬나. 살짝 후회하는 동안에도 CD는 계속 돌아갔다. 'Writing To Reach You'를 시작으로 한곡 한곡 트랙은 흘러갔다. 듣는 둥 마는 둥, 여섯곡을 그렇게 흘려 보냈다. 싱숭생숭이랄까 허하달까. 그런 마음으로 이 어색한 매치를 견뎌냈다. 그리고 일곱번째 노래가 나왔다. 'Why Does It Always Rain On Me?'였다. 비는 커녕 무거운 바람도 불지 않았다. '왜 나한테만 비가 오는 거지? 열일곱살 때 거짓말을 했기 때문인가?' 뭐 이런 찌질한 가사를 흥얼거릴 때였다. 갑자기 투둑투둑, 굵은 빗방울이 떨어지기 시작했다. 건스 앤 로지스의 'November Rain' 뮤직 비디오의 한장면처럼, 느릿느릿 걷던 사람들은 머리에 손을 올려놓고 마구 뛰기 시작했다. 투둑투둑 떨어지던 빗방울이 쏴아하는 빗줄기로 바뀌었을 때 걸어다니는 사람은 나밖에 없었다. 나의 걸음은 오히려 더 느려졌다. 이 무슨 우연일까, 신기해하며 나는 하늘을 쳐다봤다. 지금 쯤 저 하늘 어디에서 그녀가 비행기를 타고 있겠구나, 생각할 때도 트래비스는 '오, 푸른 하늘은 어디로 간거야? 왜 이렇게 비가 내리는거지?' 노래하고 있었다.

그러고보니, 1999년 글래스톤베리에서 트래비스가 이 노래를 불렀을 때, 화창하던 하늘에서 난데없이 비가 내렸고 관객들은 이 우연에 환호하며 감동의 싱얼롱을 했었다는 에피소드가 떠올랐다. 모든 노래에 추억이 담겨 있는 건 아니겠지만 어떤 노래는 우연을 부르기도 하는 건가, 생각하며 담배에 불을 붙였다. 세 모금을 채 빨지 않았을 때, 담배 위에 몇방울의 비가 떨어졌다. 치익, 소리를 내며 불이 꺼졌다. 몇번인가 불을 다시 붙여보다가 포기했다. 담배를 손으로 퉁겨 멀리 날려보냈다. 비가 그치고 다시 거짓말처럼 태양이 작렬했다. 나는 CD 플레이어에서 트래비스를 꺼내고 도쿄 스카파라다이스 오케스트라의 베스트 앨범을 걸었다. 수증기에 가까운 습한 공기가 사방을 에워싸고 있었다.

악행일지 樂行日誌

글   김작가
그림   권용득

1판 1쇄 인쇄   2009년 7월 08일
1판 1쇄 발행   2009년 7월 11일

펴낸이   손종현
펴낸곳   프라우드
주소   서울시 강남구 역삼동 837-11 유니온센타 612호
전화   02-3446-4603
팩스   02-3446-4604
등록   제 16-3432호

ISBN 978-89-961826-1-0-03040